O atendimento espiritual pelo passe

Federação Espírita Brasileira

O atendimento espiritual pelo passe

Coordenação
Marta Antunes Moura
Elaboração dos textos
Marta Antunes Moura
Elsa Rossi
Clara Lila Gonzalez

Copyright © 2012 *by*
FEDERAÇÃO ESPÍRITA BRASILEIRA – FEB

1ª edição – Impressão pequenas tiragens – 4/2025

ISBN 978-85-7328-709-7

Todos os direitos reservados. Nenhuma parte desta publicação pode ser reproduzida, armazenada ou transmitida, total ou parcialmente, por quaisquer métodos ou processos, sem autorização do detentor do *copyright*.

FEDERAÇÃO ESPÍRITA BRASILEIRA – FEB
SGAN 603 – Conjunto F – Avenida L2 Norte
70830-106 – Brasília (DF) – Brasil
www.febeditora.com.br
editorial@febnet.org.br
+55 61 2101 6161

Pedidos de livros à FEB
Comercial
Tel.: (61) 2101 6161 – comercial@febnet.org.br

Adquirindo esta obra, você está colaborando com as ações de assistência e promoção social da FEB e com o Movimento Espírita na divulgação do Evangelho de Jesus à luz do Espiritismo.

Dados Internacionais de Catalogação na Publicação (CIP)
(Federação Espírita Brasileira – Biblioteca de Obras Raras)

M929a   Moura, Marta Antunes (Coord.), 1946-

           O atendimento espiritual pelo passe / Coordenação: Marta Antunes Moura; elaboração dos textos: Marta Antunes Moura; Elsa Rossi; Clara Lila Gonzalez. — 1. ed. — Impressão pequenas tiragens — Brasília: FEB, 2025.

           152 p.; 21 cm.

           Inclui referências

           ISBN 978-85-7328-709-7

           1. Espiritismo. I. Federação Espírita Brasileira. II. Rossi, Elsa. III. Gonzalez, Clara Lila. IV. Título.

                                                               CDD 133.9
                                                               CDU 133.7
                                                               CDE 30.03.03

Sumário

Ação Fraterna 9

1 Introdução
1.1 Breve história do passe 13
1.2 A capacidade de curar 17

2 Fundamentos do estudo do passe
2.1 Energias e fluidos 21
2.2 Fluido cósmico universal 27
2.3 Qualidade e ação dos fluidos 33
2.4 Fluido vital 39
2.5 Energias magnéticas 45
2.6 Energias curadoras 51
   2.6.1 Preceitos de saúde 55

3 Mecanismos do passe
3.1 Pensamento e vontade 59
3.2 A prece 65
   3.2.1 Felicidade que a prece proporciona 67

3.3 Perispírito 69
    3.3.1 Propriedades do perispírito 74
3.4 Centros de força e plexos 81
    3.4.1 Os centros de força 82
    3.4.2 Centro de força coronário 84
    3.4.3 Centro de força cerebral 85
    3.4.4 Centro de força laríngeo 86
    3.4.5 Centro de força cardíaco 86
    3.4.6 Centro de força esplênico 86
    3.4.7 Centro de força gástrico 86
    3.4.8 Centro de força genésico 87
    3.4.9 Os plexos e o sistema nervoso 88
    3.4.10 Plexos nervosos 89
3.5 Mecanismos do passe 91

4 A TRANSMISSÃO DO PASSE
    4.1 Conceitos 99
    4.2 Finalidades 103
    4.3 Benefícios do passe 105
        4.3.1 Doenças-fantasmas 109
    4.4 A equipe de passe 113
        4.4.1 Equipe de passe do Plano Espiritual 115
        4.4.2 A equipe de passe do plano físico 117
        4.4.3 Recomendações 124
    4.5 O passe na reunião mediúnica 127

4.6 Irradiações mentais 131
    4.6.1 Atividade de irradiação na casa espírita 136
4.7 Transmissão do passe fora da casa espírita 139
    4.7.1 Perante os doentes 144

REFERÊNCIAS 147

Ação Fraterna

Muito se teoriza sobre o passe. A referência ou ilustração sobre a imposição de mãos está presente em todas as épocas de nossa Civilização e há explicações, fundamentações e orientações de variadas origens.

Nos assuntos de passe, geralmente centralizam-se as atenções nas mãos. A rigor, no contexto das práticas espíritas, o ato mecânico sobre movimentações e posições não é o mais importante. Durante o passe deve ocorrer um processo de doação de energias físicas, mentais e espirituais, dulcificadas pelas expressões do amor. Sem dúvida, havendo merecimento, pode ocorrer a potencialização de energias transmitidas pelos Espíritos benfeitores. Em síntese, o passe é uma doação de amor.

O trabalho de transmissão de passes nos Centros Espíritas é de vital importância e deve se inserir numa dinâmica de ação fraterna em que se incluam os momentos de acolhimento e consolo, muitas vezes em situações de autêntico "pronto-socorro", mas sem se perder de vista o engajamento em procedimentos que conduzem ao esclarecimento e à orientação de natureza espiritual.

As considerações de Emmanuel são oportunas e profundas: "[...] colocai mãos à obra do bem e da luz, no sentido de conhecer a vida e elevar-se".[1]

O conjunto de ações deve se pautar em orientações respaldadas na diversidade de atuações já recomendadas por Paulo: "Que fareis, pois, irmãos? Quando vos ajuntais, cada um de vós tem salmo, tem doutrina, tem revelação, tem língua, tem interpretação. Faça-se tudo para edificação".[2]

Esta obra se apresenta como um trabalho doutrinário, com base na Codificação Kardequiana e fundamentado na coerência entre estudos de distintos autores encarnados e desencarnados, caracterizando-se como um esforço de pesquisa e de apresentação do conteúdo de forma simplificada e objetiva pela autora.

Longe de elaborar regras e de impor pontos de vista, O atendimento espiritual pelo passe *é obra de recomendações sugestivas para o estudo e a reflexão na seara espírita sobre uma autêntica ação fraterna.*

Antônio Cesar Perri de Carvalho
Presidente Interino da FEB
Brasília, janeiro de 2013.

---

[1] XAVIER, Francisco C. *Pão nosso*, 2012, cap. 1.
[2] *I Coríntios*, 14:26.

1 Introdução

1.1 Breve história do passe
1.2 A capacidade de curar

1.1 Breve história do passe

Eu sou o caminho, a verdade e a vida...
(João, 14:6).

O CONCEITO de passe sempre esteve, por tradição, relacionado ao de cura: cura obtida por meio da transmissão de energias magnéticas ao doente ou necessitado de auxílio. Entretanto, ter saúde não significa, necessariamente, ausência de enfermidade, como orienta a Organização Mundial da Saúde em sua constituição de 1948: saúde "é um completo estado de bem-estar físico, mental e social, e não a meramente ausência de doença".[1]

A Doutrina Espírita ensina, por sua vez, que a doença é sempre o reflexo de certas ações cometidas pelo Espírito nas inúmeras reencarnações. Por isso, o benfeitor Emmanuel aconselha a necessidade de removermos as causas geratrizes das enfermidades, do corpo e do Espírito, pela autoevangelização:

> Consagra-te à própria cura, mas não esqueças a pregação do Reino Divino aos teus órgãos. Eles são vivos e educáveis. Sem que teu pensamento se purifique e sem

---

[1] ORGANIZAÇÃO DAS NAÇÕES UNIDAS. *Constituição da Organização Mundial da Saúde*. Preâmbulo. Nova Iorque, 1948.

Introdução

que a tua vontade comande o barco do organismo para o bem, a intervenção dos remédios humanos não passará de medida em trânsito para a inutilidade.[2]

Em todas as épocas da Humanidade, ocorreram curas pela transfusão de forças magnéticas, independentemente do nome dado aos aplicadores de passe — feiticeiros, magos, profetas, bruxos, magnetizadores, médiuns — ou à energia transmitida: fluido animal, elétrico, vital ou magnético.

No antigo Egito, na Escola de Alexandria, hebreus, egípcios e gregos utilizavam a imposição de mãos nos enfermos, segundo critérios iniciáticos definidos. No Velho e no Novo Testamento há inúmeros relatos de curas, como por exemplo: ingestão de água magnetizada (*II Reis*, 5:10 a 11) e imposição de mãos (*Deuteronômio*, 34:9 a 12; *Mateus*, 8:1 a 3).

Na Idade Média (476 d.C. – 1453), a despeito da terrível perseguição aos médiuns, sobretudo a desenvolvida contra mulheres portadoras de mediunidade de cura, então denominadas bruxas, o alquimista e ocultista Paracelso (Philippus Aureolus Theophrastus Bombastus von Hohenheim, 1493–1541) já difundia o poder e os benefícios do magnetismo.

Na Idade Moderna (1453-1789) o médico alemão Franz Anton Mesmer (1733-1815) tornou-se figura de destaque pelos estudos, divulgação e aplicação do magnetismo animal. Os seus ensinamentos passaram à posteridade com o nome de *mesmerismo*.

---

[2] XAVIER, Francisco Cândido. *Segue-me*. Capítulo: A cura própria, p. 18.

Na Idade Contemporânea (após 1789), os estudos e experiências acadêmicas do parapsicólogo estadunidense Joseph Banks Rhine (1895-1980) demonstram que a mente pode agir sobre a matéria, modificando-a e inclusive produzindo efeitos curativos.

Surge, ainda nesse período, a Doutrina Espírita (1857), que estuda, explica e utiliza os fluidos magnético-espirituais como instrumento de auxílio espiritual, esclarecendo, contudo, que as enfermidades deixarão de existir quando o Espírito estiver curado.

Assim, é suficiente às instituições espíritas disponibilizarem o passe a quem o desejar recebê-lo, mas é preciso esclarecer que o processo de cura envolve ações mais complexas: algumas estão relacionadas à Lei de Causa e Efeito, fator determinante de doenças e desequilíbrios; outras à capacidade do enfermo em beneficiar-se com o passe; assim como a capacidade ou força curadora de quem transmite a energia.

Eis o que Emmanuel nos diz, a respeito do assunto, na belíssima e sábia mensagem transcrita no item 1.2:

1.2 A capacidade de curar[3]

A faculdade de curar, para manter-se íntegra, não deve permanecer precavida tão somente contra o pagamento em dinheiro amoedado.

Há outras gratificações negativas que lhe cabe renunciar, a fim de que não seja corroída por paixões arrazoadas que começam nos primeiros sinais de personalismo excessivo.

Imprescindível olvidar o vinho venenoso da bajulação, a propaganda jactanciosa, o perigoso elixir da lisonja e a aprovação alheia como paga espiritual.

Quem se proponha a auxiliar aos enfermos, há que saber respirar no convívio da humildade sincera, equilibrando-se, a cada instante, na determinação de servir.

Para curar é preciso trazer o coração por vaso transbordante de amor e quem realmente ama não encontra ensejo de reclamar.

Compreendendo as nossas responsabilidades com o divino Médico, se queres efetivamente curar, cala-te, aprende, trabalha honrando a posição de servidor de todos a que Jesus te conduziu.

---

[3] XAVIER, Francisco Cândido. *Mediunidade e sintonia*, cap. XVIII, p. 85-88.

Auxilia aos ricos e aos pobres, como quem sabe que fartura excessiva ou carência asfixiante são igualmente enfermidades que nos compete socorrer.

Ampara os amigos e os adversários, os alegres e os tristes, os melhores e os menos bons, como quem compreende na Terra a valiosa oficina de reajuste e elevação.

Reconheçamos que toda honra pertence ao Senhor, de quem não passamos de apagados e imperfeitos servidores.

Não te afastes da dependência do eterno Benfeitor e, movimentando os próprios recursos, a benefício dos que te cercam, guardemos a certeza de que, curando, seremos curados por nossa vez, soerguendo-nos, enfim, para a vitória real do espírito, em cuja luz os monstros da penúria e da vaidade, da ignorância e do orgulho não mais nos conseguirão alcançar.

2 Fundamentos do estudo do passe

2.1 Energias e fluidos

2.2 Fluido cósmico universal

2.3 Qualidade e ação dos fluidos

2.4 Fluido vital

2.5 Energias magnéticas

2.6 Energias curadoras

2.1 Energias e fluidos

Porque Nele [Deus] vivemos, e nos movemos, e existimos...
(*Atos*, 17:28).

Segundo a Ciência, *energia* é a capacidade de um corpo, substância ou sistema executar trabalho ou ação, produzindo movimento. Mas a energia, enquanto grandeza física, só pode ser descrita pela relação mútua que ocorre entre dois corpos ou sistemas.

> Definir energia não é algo trivial, e alguns autores chegam a argumentar que "a ciência não é capaz de definir energia, ao menos como conceito independente". Contudo, mesmo para esses autores, "embora não se saiba o que é energia, se sabe o que ela não é".[4]

Quando dois sistemas físicos interagem, ocorrem mudanças entre eles devido à troca energética e, de acordo com o paradigma moderno, durante a interação energética forma-se um *campo* de natureza eletromagnética, pois as partículas

---

[4] ENERGIA. In: *Wikipédia*: a enciclopédia livre. Disponível em: <http://pt.wikipedia.org/wiki/Energia>. Acesso em 22 jul. 2012.

integrantes estão eletricamente carregadas, favorecendo a propagação da energia.

É o que ocorre, por exemplo, com a energia luminosa ao interagir com os diferentes corpos na natureza. A propósito, esclarece o Espírito André Luiz que

> as ondulações de luz nasciam de um campo magnético associado a um campo elétrico, anunciando a correlação entre a eletricidade e a luz e assegurando que as linhas de força extravasam dos circuitos, assaltando o espaço ambiente e expandindo-se como pulsações ondulatórias.[5]

Assim, a energia pura, como a luz, se propaga na forma de radiação eletromagnética. Ante esse entendimento, concebe-se a definição de luz como sendo uma onda eletromagnética formada de energia pura em movimento, como assinala o orientador espiritual: "Temos, assim, a luz e o calor, que teoricamente classificamos entre as irradiações nascidas dos átomos supridos de energia. São estes que, excitados na íntima estrutura, despedem [liberam] as ondas eletromagnéticas".[6]

Além da luz, há outros tipos de energia na Natureza: hidráulica, térmica, solar, gravitacional, mental etc.

Em relação à energia mental, sabemos que a mente do Espírito é a sua fonte, assim como o Sol é foco da energia luminosa. Da mesma forma que há leis presidindo as

---

[5] XAVIER, Francisco Cândido; VIEIRA, Waldo. *Mecanismos da mediunidade*, 2010, cap. 2, it. Campo eletromagnético, p. 32.
[6] Id., *Evolução em dois mundos*, 2010, primeira parte, cap. 1, it. Luz e calor, p. 25.

manifestações dos diferentes tipos de energia, existe a "Lei do Campo Mental, que rege a moradia energética do Espírito, segundo a qual a criatura consciente, seja onde for no Universo, apenas assimilará as influências a que se afeiçoe".[7]

A irradiação da energia mental estabelece reciprocidade com outras mentes, de forma consciente ou inconsciente, favorecendo a formação de um campo eletromagnético mental decorrente dos processos de sintonia e afinidade, pois, como ensina Emmanuel, sendo a mente o

> espelho da vida, reconhecemos que o coração lhe é a face e que o cérebro é o centro de suas ondulações, gerando a força do pensamento que tudo move, criando e transformando, destruindo e refazendo para acrisolar e sublimar.[8]

Em relação aos *fluidos*, a Física os considera *substâncias* capazes de fluir, escorrer ou expandir e que se modificam continuamente sob a ação de uma força ou tensão. Os fluidos abrangem, basicamente, os líquidos e os gases.

Os líquidos possuem forças intermoleculares que mantêm as moléculas unidas de modo a caracterizar um volume, não uma forma definida, que será sempre a do recipiente em que se encontra. Já nos gases, as moléculas encontram-se em movimento e colidem entre si, dispersando-se. Nestas condições, nos gases não há forma e volume definidos.

---

[7] Id., *Mecanismos da mediunidade*. 2010, cap. 17, it. Lei do campo mental, p. 140.
[8] Id., *Pensamento e vida*, 2009, cap. 1, p. 10.

Entre os elementos fluídicos (como líquidos e gases), há um muito específico, denominado *plasma*. Em Física, plasma é considerado o "quarto estado da matéria", situado entre os estados sólido, líquido e gasoso.

> Dentre suas características, a mais importante é a tendência que esse estado tem de permanecer eletricamente neutro, equilibrando sua carga elétrica negativa e positiva em cada porção de volume de matéria. O plasma emite luz sempre que entra em contato com alguma excitação elétrica e campos magnéticos. As auroras polares [boreais] são um exemplo típico deste fenômeno. Também pode ser vista nas descargas atmosféricas da ionosfera [localizada entre sessenta e mil quilômetros de altitude].[9]

Importa lembrar que o cientista inglês William Crookes (1832-1919), pesquisador espírita do passado, foi quem utilizou pela primeira vez a expressão "o quarto estado fundamental da matéria", assim nomeada ao estudar as propriedades de substâncias encontradas em diferentes estados dos sólidos, líquidos e gases.[10]

Na verdade, o plasma é um *gás ionizado*, isto é, possui carga elétrica positiva porque perdeu elétrons. Por esse motivo, o plasma gera e sofre a ação de campos eletromagnéticos, levando ao que se chama de *efeito coletivo*. Isto significa que o movimento de cada

---

[9] PLASMA. In: *Wikipédia*: a enciclopédia livre. Disponível em: <http://pt.wikipedia.org/wiki/Plasma>. Acesso em: 22 jul. 2012.
[10] Id. Ibid.

uma das partículas carregadas é influenciado pelo movimento de todas as demais. Sendo assim, o plasma — que forma 99% da matéria existente no Universo, segundo a Ciência — possui propriedades excepcionais, como ótimo condutor de eletricidade e calor.

A Doutrina Espírita expandiu o significado de fluidos, não os limitando aos gases:

> Definimos o fluido, dessa ou daquela procedência, como sendo um corpo cujas moléculas cedem invariavelmente à mínima pressão, movendo-se entre si, quando retidas por um agente de contenção, ou separando-se, quando entregues a si mesmas. Temos, assim, os fluidos líquidos, elásticos ou aeriformes e os outrora chamados fluidos imponderáveis, tidos como agentes dos fenômenos luminosos, caloríficos e outros mais.
>
> No Plano Espiritual, o homem desencarnado vai lidar, mais diretamente, com um fluido vivo e multiforme, estuante e inestancável, a nascer-lhe da própria alma, de vez que podemos defini-lo, até certo ponto, por subproduto do fluido cósmico, absorvido pela mente humana, em processo vitalista semelhante à respiração, pelo qual a criatura assimila a força emanante do Criador, esparsa em todo o Cosmo, transubstanciando-a, sob a própria responsabilidade, para influenciar na Criação, a partir de si mesma.[11]

---

[11] XAVIER, Francisco Cândido; VIEIRA, Waldo. *Evolução em dois mundos*, 2010, primeira parte, cap. 13, p. 119-120.

Em termos relativos, como esclarece Kardec, esses fluidos têm para os Espíritos

> uma aparência tão material quanto a dos objetos tangíveis para os encarnados e são, para eles, o que são para nós as substâncias do mundo terrestre. Eles os elaboram e combinam para produzirem determinados efeitos, como fazem os homens com os seus materiais, ainda que por processos diferentes.[12]

---

[12] KARDEC, Allan. *A gênese*, 2009, cap. XIV, it. 3, p. 349-350.

2.2 Fluido cósmico universal

[...] Onde se acha o Espírito do Senhor, aí há liberdade.
(*II Coríntios*, 3:17).

A IDEIA de um princípio único gerador de toda matéria existente no Universo assemelha-se ao que é denominado pela Ciência como *Teoria de Tudo* ou da *Grande Unificação*, que a Doutrina Espírita denomina de *fluido cósmico universal, fluido elementar* ou *primitivo*. Esclarece, a respeito, o inglês Robert Matheus, físico-matemático pesquisador e repórter científico: "Essa união consiste em provar, na prática, o que os cálculos já revelam: a existência de uma matéria primordial, encontrada tanto no Universo quanto no átomo".[13]

Segundo o Espiritismo, o fluido cósmico é "a matéria elementar primitiva, cujas modificações e transformações constituem a inumerável variedade dos corpos da Natureza".[14]

Esse fluido encontra-se em toda a parte do Universo, como assinalam os orientadores do Espiritismo:

> Há um fluido etéreo que enche o espaço e penetra os corpos. Esse fluido é o éter, ou *matéria cósmica primitiva*,

---

[13] MATTHEWS, Robert. *25 grandes ideias: como a ciência está transformando o mundo*, 2008, cap. 5, p. 50.
[14] KARDEC, Allan. *A gênese*, 2009, cap. XIV, it. 2, p. 348.

geradora do mundo e dos seres. São inerentes ao éter as forças que presidiram às metamorfoses da matéria, as leis imutáveis e necessárias que regem o mundo. Essas forças múltiplas, indefinidamente variadas segundo as combinações da matéria, localizadas segundo as massas, diversificadas em seus modos de ação, de acordo com as circunstâncias e os meios, são conhecidas na Terra sob os nomes de *gravidade, coesão, afinidade, atração, magnetismo, eletricidade ativa*. Os movimentos vibratórios do agente são conhecidos sob os nomes de *som, calor, luz etc*. Em outros mundos, elas se apresentam sob outros aspectos, revelam outros caracteres desconhecidos na Terra e, na imensa amplidão dos céus, forças em número indefinido se têm desenvolvido em escala inimaginável, cuja grandeza somos tão incapazes de avaliar, quanto o crustáceo, no fundo do oceano, para apreender a universalidade dos fenômenos terrestres.[15]

Dessa forma,

a matéria cósmica primitiva continha os elementos materiais, fluídicos e vitais de todos os universos que desdobram suas magnificências diante da eternidade. Ela é a mãe fecunda de todas as coisas, a primeira avó e, sobretudo, a eterna geratriz.[16]

---
[15] Id. Ibid., cap. VI, item 10, p. 143.
[16] Id. Ibid., cap. VI, it. 17, p. 149.

Assim, todos os tipos de energias e fluidos existentes na Terra e fora dela têm origem no fluido cósmico universal. E mais:

> Essa substância, de onde provêm as esferas siderais, não desapareceu de modo algum; essa potência não morreu, pois que ainda gera, sem cessar, novas criações e incessantemente recebe, reconstituídos, os princípios dos mundos que se apagam do livro eterno.[17]

Sendo assim, a atmosfera espiritual do nosso Planeta, mantida à custa das emissões mentais dos seus habitantes; os fluidos corporais dos seres vivos, inclusive os que mantêm os órgãos e estruturas físicas em funcionamento; assim como a transfusão de energias e fluidos do passe, entre outros, provêm do fluido cósmico.

> Esse fluido penetra os corpos como um imenso oceano. É nele que reside o princípio vital que dá origem à vida dos seres e a perpetua em cada globo, conforme a sua condição, princípio que, em estado latente, se conserva adormecido onde a voz de um ser não o chama. Toda criatura, mineral, vegetal, animal ou qualquer outra — visto que há muitos outros reinos naturais, de cuja existência nem sequer suspeitais — sabe, em virtude desse princípio vital e universal, apropriar as condições de sua existência e de sua duração.[18]

---

[17] Id. Ibid., cap. VI, it. 17, p. 149.
[18] Id. Ibid., cap. VI, it. 18, p. 149-150.

Em sua natureza, o fluido cósmico elementar é um elemento situado entre Espírito e matéria. Não é matéria, propriamente dita, pelo menos no usual significado que lhe é dado, mas também não é Espírito, obviamente, por ser este o elemento inteligente do Universo. Na definição fornecida pelo Espírito André Luiz, fluido cósmico universal é o "plasma divino, hausto do Criador ou força nervosa do Todo-Sábio. Nesse elemento primordial, vibram e vivem constelações, sóis, mundos e seres, como peixes no oceano".[19]

Afirmam os Espíritos Superiores que há no Universo dois elementos gerais criados por Deus: matéria e Espírito. "Esses três elementos [Deus, Espírito e matéria] constituem o princípio de tudo o que existe, a trindade universal".[20]

> [...] Mas ao elemento material é preciso juntar o fluido universal, que desempenha o papel de intermediário entre o espírito e a matéria propriamente dita, muito grosseira para que o espírito possa exercer alguma ação sobre ela. Embora, sob certo ponto de vista, se possa classificar o fluido universal como elemento material, ele se distingue deste por propriedades especiais. [...] Está colocado entre o espírito e a matéria; é fluido, como a matéria é matéria e suscetível, pelas suas inumeráveis combinações com esta e sob a ação do espírito, de produzir a infinita variedade das coisas [...]. Esse fluido

---

[19] XAVIER, Francisco Cândido; VIEIRA, Waldo. *Evolução em dois mundos*, 2010, primeira parte, cap. I, it.: Plasma divino, p. 21.
[20] KARDEC, Allan. *O livro dos espíritos*, 2010, q. 27, p. 88.

universal, ou primitivo, ou elementar, sendo o agente de que o Espírito se utiliza, é o princípio sem o qual a matéria estaria em perpétuo estado de divisão e jamais adquiriria as propriedades que a gravidade lhe dá.[21]

O fluido cósmico universal

assume dois estados distintos: o de eterização ou imponderabilidade, que se pode considerar o estado normal primitivo, e o de materialização ou de ponderabilidade, que é, de certo modo, consecutivo ao primeiro. O ponto intermediário é o de transformação do fluido em matéria tangível.[22]

Cada um desses dois estados dá lugar, naturalmente, a fenômenos especiais: ao segundo pertencem os do mundo visível e ao primeiro os do Mundo Invisível. Uns, os chamados *fenômenos materiais*, são da alçada da Ciência propriamente dita; os outros, qualificados de *fenômenos espirituais* ou *psíquicos*, porque se ligam de modo especial à existência dos Espíritos, cabem nas atribuições do Espiritismo. Como, porém, a vida espiritual e a vida corporal se acham em contato incessante, os fenômenos das duas categorias muitas vezes se produzem simultaneamente.[23]

---

[21] Id. Ibid., p. 88-89.
[22] Id., *A gênese*, 2009, cap. XIV, it. 2, p. 348.
[23] Id. Ibid., cap. XIV, it. 2, p. 348-349.

O fluido cósmico apresenta inúmeras transformações ou subprodutos, desde o estado de pureza absoluta, logo que foi criado por Deus, ao estado de matéria tangível, tal como observamos no plano físico.

> [...] Entre esses dois extremos, dão-se inúmeras transformações, mais ou menos aproximadas de um e de outro. Os fluidos mais próximos da materialidade, os menos puros, conseguintemente, compõem o que se pode chamar *a atmosfera espiritual da Terra*.[...].[24]

---

[24] Id. Ibid., cap. XIV, it. 5, p. 351.

2.3 Qualidade e ação dos fluidos

E há diversidade de operações, mas é o mesmo Deus que opera tudo em todos.
(I Coríntios, 12:6).

Não é tão simples classificar os fluidos em bons e maus porque, possuindo inúmeras propriedades e ações, é mais correto afirmar que

> [...] não possuem qualidades *sui generis*, mas as que adquirem no meio onde se elaboram; modificam-se pelos eflúvios desse meio, como o ar pelas exalações, a água pelos sais das camadas que atravessa.[25]

Sendo assim, "conforme as circunstâncias, suas qualidades são [...] temporárias ou permanentes".[26]

Toda se pessoa encontra envolvida em uma atmosfera fluídica própria, que reflete, naturalmente, seus pensamentos e sentimentos. Quanto mais elevadas forem essas emissões, mais depurado é o envoltório fluídico, visto que os Espíritos, encarnados e desencarnados, utilizam os fluidos como

---

[25] Id. Ibid., cap. XIV, it. 17, p. 361.
[26] Id., Ibid.

[...] veículo do pensamento e podendo este lhes modificar as propriedades, é evidente que eles devem achar-se impregnados das qualidades boas ou más dos pensamentos que os fazem vibrar, modificando-se pela pureza ou impureza dos sentimentos.[27]

Assim,

[...] Os maus pensamentos corrompem os fluidos espirituais, como os miasmas deletérios corrompem o ar respirável. Os fluidos que envolvem os Espíritos maus, ou que estes projetam são, portanto, viciados, ao passo que os que recebem a influência dos Espíritos bons são tão puros quanto o comporta o grau da perfeição moral destes.[28]

As características apresentadas pelos fluidos resultam, portanto, de suas propriedades e de suas interações no meio ambiente.

[...] Sob o ponto de vista moral, trazem a marca dos sentimentos de ódio, inveja, de ciúme, de orgulho, de egoísmo, de violência, de hipocrisia, de bondade, de benevolência, de amor, de caridade, de doçura etc. Sob o aspecto físico, eles são excitantes, calmantes, penetrantes, adstringentes, irritantes, dulcificantes, soporíficos,

---

[27] Id., Ibid., it. 16, p. 361.
[28] Id., Ibid., it. 16, p. 361.

narcóticos, tóxicos, reparadores, expulsivos; tornam-se força de transmissão, de propulsão etc. O quadro dos fluidos seria, pois, o de todas as paixões, das virtudes e dos vícios da Humanidade e das propriedades da matéria, correspondentes aos efeitos que eles produzem.[29]

Os bons e os maus fluidos ocorrem em qualquer plano de vida, físico ou espiritual, pois "o pensamento do encarnado atua sobre os fluidos espirituais, como o dos desencarnados, e se transmite de Espírito a Espírito pelas mesmas vias; conforme seja bom ou mau, saneia ou vicia os fluidos ambientes".[30]

> Uma vez que os fluidos ambientes são modificados pela projeção dos pensamentos do Espírito, seu envoltório perispirítico, que é parte constituinte do seu ser e que recebe de modo direto e permanente a impressão de seus pensamentos, deve, com mais forte razão, guardar as marcas de suas qualidades boas ou más. Os fluidos viciados pelos eflúvios dos Espíritos maus podem depurar-se pelo afastamento destes, cujos perispíritos, porém, serão sempre os mesmos, enquanto o Espírito não se modificar por si próprio.[31]

Qualquer pensamento produz, portanto, efeito físico que influi, por sua vez, sobre os sentimentos, emoções e no

---

[29] Id., Ibid., it. 17, p. 361-362.
[30] Id., Ibid., it. 18, p. 362.
[31] Id., Ibid., p. 362-363.

comportamento moral. Daí Léon Denis ressaltar a conveniência de pensar e agir no bem:

> Sabendo que todos os fatos da nossa vida se inscrevem conosco, testemunham pró ou contra nós, dirigiremos a cada um deles uma atenção mais escrupulosa. Esforçar-nos-emos desde então por desenvolver os nossos recursos latentes e por agir por nosso intermédio sobre os fluidos espalhados no espaço, de modo a depurá-los, a transformá-los para o bem de todos, a criar em torno de nós uma atmosfera límpida e pura, inacessível aos fluidos viciados. O Espírito que não age, que se deixa levar pelas influências materiais, fica débil e incapaz de perceber as sensações delicadas da vida espiritual. [...] O Espírito ativo, preocupado em exercer suas faculdades por um uso constante, adquire forças novas; sua vista abrange horizontes mais vastos, e o círculo de suas relações alarga-se gradualmente.[32]

Ante tais orientações, percebemos que os fluidos exercem ação fundamental na saúde e na doença:

> Os fluidos espirituais atuam sobre o perispírito e este, por sua vez, reage sobre o organismo material com que se acha em contato molecular. Se os eflúvios são de boa natureza, o corpo ressente uma impressão salutar; se forem

---

[32] DENIS, Léon. *Depois da morte*, 2008, quarta parte, cap. XXXII, p. 282-283.

maus, a impressão será penosa. Se os eflúvios maus forem permanentes e enérgicos, poderão ocasionar desordens físicas; certas enfermidades não têm outra causa.[33]

Partindo desse princípio, entendemos porque os fluidos saturados de boas vibrações podem (e devem) ser transfundidos de pessoa para pessoa, favorecendo a cura de enfermidades ou amenizando os seus efeitos, como lembra, apropriadamente, Denis:

> Graças a uma combinação íntima dos bons fluidos, sorvidos no laboratório ilimitado da Natureza, consegue-se, com a assistência dos Espíritos invisíveis, restabelecer a saúde comprometida, restituir a esperança e a energia dos desesperados.[34]

Segundo Kardec,

> A cura se opera mediante a substituição de uma molécula "malsã" por uma molécula "sã". O poder curativo estará, pois, na razão direta da pureza da substância inoculada; mas depende, também, da energia da vontade, que provoca uma emissão fluídica mais abundante e dá ao fluido maior força de penetração. Depende ainda das intenções daquele que deseje realizar a cura, *seja homem* [encarnado] ou *Espírito* [desencarnado]. Os fluidos que

---
[33] KARDEC, Allan. *A gênese*, cap. XIV, it. 18, p. 363.
[34] DENIS, Léon. *Depois da morte*, p. 283.

emanam de uma fonte impura são quais substâncias medicamentosas alteradas.[35]

Os efeitos da ação fluídica, contudo, estão limitados às condições e necessidades dos pacientes e, também, às manifestações da Lei de Causa e Efeito, como esclarece Kardec:

> Os efeitos da ação fluídica sobre os doentes são extremamente variados, de acordo com as circunstâncias. Algumas vezes é lenta e reclama tratamento prolongado [...]; de outras vezes é rápida, como uma corrente elétrica. Há pessoas dotadas de tal poder, que operam curas instantâneas em alguns doentes, por meio apenas da imposição das mãos, ou até, exclusivamente por ato da vontade. Entre os dois polos extremos dessa faculdade, há infinitas gradações. Todas as curas desse gênero são variedades do magnetismo e só diferem pela intensidade e pela rapidez da ação. O princípio é sempre o mesmo: o fluido, a desempenhar o papel de agente terapêutico e cujo efeito se acha subordinado à sua qualidade e a circunstâncias especiais.[36]

---

[35] KARDEC, Allan. *A gênese*, cap. XIV, it. 31, p. 374.
[36] Id. Ibid., it. 32, p. 374-375.

2.4 Fluido vital

Temos, porém, este tesouro em vasos de barro, para que a excelência do poder seja de Deus, e não de nós.
(*II Coríntios*, 4:7).

A Doutrina Espírita considera o fluido vital como "o princípio da vida material e orgânica, seja qual for a sua fonte, e que é comum a todos os seres vivos, desde as plantas até o homem. O princípio vital é coisa distinta e independente, já que pode haver vida com exclusão da faculdade de pensar".[37] Considera, igualmente, que todos

> os seres orgânicos têm em si uma força íntima que produz o fenômeno da vida, enquanto essa força existe; que a vida material é comum a todos os seres orgânicos e que ela independe da inteligência e do pensamento.[38]

Percebe-se claramente a presença do princípio vital nos seres orgânicos e a sua ausência, em princípio, nos inorgânicos. Dissemos "em princípio" porque as características apresentadas por certos elementos inorgânicos — os cristais, por exemplo

---

[37] KARDEC, Allan. *O livro dos espíritos*, 2010. Introdução II, p. 26.
[38] Id. Ibid.

— nos conduzem à suposição de que há traços de fluido vital nesses seres, ou alguma energia semelhante.

A perfeição geométrica dos cristais nos faz interpretar que, possivelmente, sejam eles elementos intermediários entre os inorgânicos, propriamente ditos, e os orgânicos. O ácido fosfórico, também conhecido como ácido mineral, desempenha ação importantíssima no metabolismo animal, pode ser também considerado outro elemento fronteiriço entre os dois tipos de seres da Natureza, os inorgânicos e os orgânicos. Neste ácido não há a molécula de carbono que caracteriza os seres orgânicos, mas devido às suas propriedades está associado aos elementos orgânicos.

Segundo Kardec, a passagem da substância inorgânica para orgânica ocorreria na presença de certos elementos químicos, mas, sobretudo, por incorporação do fluido vital na estrutura no corpo:

> Combinando-se sem o princípio vital, o oxigênio, o hidrogênio, o azoto [nitrogênio] e o carbono só teriam formado um mineral ou corpo inorgânico; o princípio vital modificando a constituição molecular desse corpo, dá-lhe propriedades especiais. Em lugar de uma molécula mineral, tem-se uma molécula de matéria orgânica.[39]

A atividade do princípio vital é alimentada durante a vida pela ação do funcionamento dos órgãos do mesmo modo que o calor, pelo movimento de rotação de

---

[39] Id., *A gênese*, 2009, cap. X, it. 18, p. 251.

uma roda. Cessada aquela ação, por motivo de morte, o princípio vital *se extingue*, como o calor quando a roda deixa de girar. Mas o *efeito* produzido sobre o estado molecular do corpo pelo princípio vital subsiste, mesmo após a extinção desse princípio, como a carbonização da madeira persiste após a extinção do calor.[40]

A quantidade de fluido vital não é a mesma para todos os seres vivos da Criação:

> A quantidade de fluido vital não é absoluta em todos os seres orgânicos. Varia segundo as espécies e não é constante no mesmo indivíduo, nem nos demais indivíduos da mesma espécie. Há os que estão, a bem dizer, saturados de fluido vital, enquanto outros o possuem apenas em quantidade suficiente. Daí, para alguns, vida mais ativa, mais tenaz e, de certo modo, superabundante.[41]

Da mesma forma, a quantidade de fluido vital é variável ao longo da existência: abundante na infância e juventude, declina-se com o avanço da idade:

> A quantidade de fluido vital se esgota. Pode tornar-se insuficiente para a manutenção da vida, se não se renovar pela absorção e assimilação das substâncias que o contêm.[42]

---

[40] Id. Ibid., p. 251-252.
[41] Id. *O livro dos espíritos*, q. 70-comentário, p. 113.
[42] Id. Ibid.

O fluido vital pode ser transmitido de pessoa para pessoa, mas produz diferentes efeitos. A forma mais comum de transmissão é pelo passe, contudo o fluido vital entra também na composição do ectoplasma, necessário à produção de fenômenos espíritas mais complexos, como materialização e transporte de objetos e de Espíritos:

> O fluido vital se transmite de um indivíduo a outro. Aquele que o tiver em maior quantidade pode dá-lo a quem o tenha de menos e em certos casos prolongar a vida prestes a extinguir-se.[43]

Não devemos esquecer que o fluido vital não é encontrado apenas no corpo físico. Está presente também no perispírito, que é de constituição semimaterial, garantindo-lhe o funcionamento dos órgãos e estruturas perispirituais. Dessa forma, sustenta a existência de todos os seres vivos, inclusive o homem, encontrados nos dois planos vibratórios, o físico e o espiritual. Na realidade extrafísica, o fluido vital é mais sutil e etéreo.

A título de exemplo, citamos as seguintes informações transmitidas pelo Espírito André Luiz:

> Plantas e animais domesticados pela inteligência humana, durante milênios, podem ser aí aclimatados e aprimorados, por determinados períodos de existência,

---
[43] Id. Ibid.

ao fim dos quais regressam aos seus núcleos de origem no solo terrestre.⁴⁴

As plantas, pela configuração celular mais simples, atendem, no plano extrafísico, à reprodução limitada, aí deixando descendentes que, mais tarde, volvem também à leira do homem comum.⁴⁵

Assim também, após a transfiguração ocorrida na morte, a individualidade ressurge com naturais alterações na massa muscular e no sistema digestivo, mas sem maiores inovações na constituição geral.⁴⁶

[...] fora do arcabouço físico, a mente se exterioriza no veiculo espiritual com admirável precisão de controle espontâneo sobre as células sutis que o constituem.⁴⁷

A transmissão do fluido vital e de outros fluidos é amplamente utilizada no Plano Espiritual como consta da citação que se segue, retirada do livro *Nosso lar*:⁴⁸

Regressando ao contato direto com os enfermos, notei Narcisa a lutar heroicamente por acalmar um

---

⁴⁴ XAVIER, Francisco Cândido; VIEIRA, Waldo. *Evolução em dois mundos*, 2010, primeira parte, cap. 13, it. Vida na espiritualidade, p. 121.
⁴⁵ Id. Ibid.
⁴⁶ Id. Ibid., segunda parte, cap. 3, p. 215.
⁴⁷ Id. Ibid., Cap. 4, p. 219-220.
⁴⁸ XAVIER, Francisco Cândido. *Nosso lar*, 2010, cap. 29, p. 189-190.

rapaz que revelava singulares distúrbios. Procurei ajudá-la. O pobrezinho, de olhos perdidos no espaço, gritava, espantadiço:

— Acuda-me, por amor de Deus! Tenho medo, medo!...

E, olhar esgazeado dos que experimentam profundas sensações de pavor, acentuava:

— Irmã Narcisa, lá vem "ele", o monstro! Sinto os vermes novamente! "Ele"! "Ele"!... Livre-me "dele", irmã! Não quero, não quero!...

[...] — Confie em Jesus e esqueça o monstro — dizia a irmã dos infelizes, piedosamente —, vamos ao passe. O fantasma fugirá de nós. E aplicou-lhe fluidos salutares e reconfortadores, que Francisco agradeceu, manifestando imensa alegria no olhar.

2.5 Energias magnéticas

E, quanto fizerdes por palavras ou por obras, fazei tudo em nome do Senhor Jesus, dando por ele graças a Deus Pai.
(*Colossenses*, 3:17).

Os Espíritos Superiores enunciam, na questão 388, de *O livro dos espíritos*: "Entre os seres pensantes há ligação que ainda não conheceis. O magnetismo é o piloto desta ciência, que mais tarde compreendereis melhor".[49]

O magnetismo, enquanto disciplina científica, é a parte da Física que estuda os materiais magnéticos, os que são capazes de atrair ou repelir outros materiais, eletricamente carregados. "O magnetismo, considerado em seu aspecto geral, é a utilização, sob o nome de fluido, da força psíquica por aqueles que abundantemente a possuem".[50]

Allan Kardec apresenta o seguinte conceito de magnetismo, que se mantém totalmente atualizado:

> Sendo o magnetismo o fluido circulante que cada criatura assimila à sua maneira e em graus diferentes,

---
[49] KARDEC, Allan. *O livro dos espíritos*, 2010, q. 388, p. 285.
[50] DENIS, Léon. *No invisível*, 2008, segunda parte, cap. 15, p. 249.

> pode-se ver nele esse imenso encadeamento e essa imensa atração que une e desune, atrai e repele os seres criados, fazendo de cada um deles uma pequena unidade que vai, obedecendo à mesma lei, confundir-se na majestosa unidade do Universo. O magnetismo que, aliás, não passa de processo de que nos servimos para a concentração e a liberação do fluido, é essa associação magnífica de todas as forças criadas. O fluido é o circulante que põe os seres em vibração uns com os outros.[51]

Como força poderosa que vibra em toda obra da Criação, seres e mundos, vemos, com Kardec, que

> o magnetismo não foi inventado por ninguém; existe desde toda a eternidade! Não se conhecia o seu emprego, como no caso do vapor e a eletricidade, a princípio negados, e que no entanto revolucionaram o mundo após alguns anos de existência. Dar-se-á o mesmo com esse fluido que, mais sutil do que todos os outros, vai atingir livremente, e em aparência um pouco ao acaso, os sexos contrários, as idades extremas, as castas até hoje hostis, para os confundir todos no seio de uma imensa solidariedade. Com efeito, o fluido é atração, lei única do Universo. É fonte dos movimentos moral, material e intelectual, a fonte do progresso.[52]

---
[51] KARDEC, Allan. *Revista espírita*. Ano XII, p. 288-289.
[52] Id. Ibid., p. 287.

Energias magnéticas

As forças magnéticas regem, portanto, o fenômeno geral que permeiam as relações entre os seres da Criação, impondo-lhes formas de comportamento: "O magnetismo é um fenômeno da vida, por constituir manifestação natural em todos os seres".[53]

Para fins deste estudo, interessam-nos o conceito e aplicação de certos tipos de fluidos magnéticos, especialmente o magnetismo animal que, tal como o fluido vital e demais fluidos da Natureza, são considerados "modificações do fluido cósmico universal [...]".[54]

> O magnetismo animal, também conhecido por mesmerismo, visto ter sido Franz Anton Mesmer, doutor pela Universidade de Viena, o seu mais célebre renovador nos tempos modernos, esteve em voga nos fins do século XVIII, adquirindo maior impulso na primeira metade do XIX. Na França, sobretudo, sumidades médicas e ilustres prelados confirmavam a veracidade dos fenômenos magnéticos, principalmente no que diz respeito a curas psíquicas, a diagnósticos e prescrições terapêuticas fornecidos por sonâmbulos, com quem igualmente se observavam incontáveis fatos de clarividência ou lucidez, de visão a distância, de visão através de corpos opacos, de previsão etc.[55]

Em *A gênese*, encontramos a orientação de como a ação magnética pode produzir-se:

---
[53] XAVIER, Francisco Cândido. *O consolador*, 2008, q. 26, p. 32.
[54] KARDEC, Allan. *O livro dos espíritos*, q. 27-a, p. 89.
[55] WANTUIL, Zeus; THIESEN, Francisco. *Allan Kardec, o educador e o codificador*, 2004, cap. 17, p. 113.

1º – Pelo próprio fluido do magnetizador; é o magnetismo propriamente dito, ou *magnetismo humano*, cuja ação se acha subordinada à força e, sobretudo, à qualidade do fluido.

2º – Pelo fluido dos Espíritos, atuando diretamente e *sem intermediário* sobre um encarnado, seja para o curar ou acalmar um sofrimento, seja para provocar o sono sonambúlico espontâneo, seja para exercer sobre o indivíduo uma influência física ou moral qualquer. É o *magnetismo espiritual* cuja qualidade está na razão direta das qualidades do Espírito;

3º – Pelos fluidos que os Espíritos derramam sobre o magnetizador, ao qual este serve de condutor. É o magnetismo *misto*, *semiespiritual*, ou, se o preferirem, *humano-espiritual*. Combinado com o fluido humano, o fluido espiritual lhe imprime qualidades que lhe faltam. Em tais circunstâncias, o concurso dos Espíritos é, algumas vezes, espontâneo, porém é provocado, com mais frequência, por um apelo do magnetizador.[56]

A doação fluídica, usualmente utilizada no passe, é de natureza magnético-espiritual e será tanto mais intensa quanto mais fortalecida estiver a vontade de auxiliar o próximo. Daí Léon Denis destacar o poder da vontade nos processos de cura

---

[56] KARDEC, Allan. *A gênese*, 2009, cap. XIX, it. 33, p. 375-376.

Energias magnéticas

de enfermidades: "a vontade de aliviar, de curar [...] comunica ao fluido magnético propriedades curativas".[57]

Fazendo uma síntese do tema magnetismo, Emmanuel orienta:[58]

> A eletricidade é energia dinâmica. O magnetismo é energia estática. O pensamento é força eletromagnética. Pensamento, eletricidade e magnetismo conjugam-se em todas as manifestações da Vida universal, criando gravitação e afinidade, assimilação e desassimilação, nos campos múltiplos da forma que servem à romagem do Espírito para as Metas supremas, traçadas pelo Plano Divino.

---

[57] DENIS, Léon. *No invisível*, segunda parte, cap. 15, p. 250.
[58] XAVIER, Francisco Cândido. *Pensamento e vida*, 2009, cap. 2, p.16.

2.6 Energias curadoras

E curai os enfermos...
(Lucas, 10:9).

O PRINCÍPIO das curas tem origem nas propriedades do fluido cósmico universal e nas do perispírito, assim explicado por Allan Kardec:

> Como já vimos, o fluido universal é o elemento primitivo do corpo carnal e do perispírito, os quais são simples transformações dele. Pela identidade da sua natureza, esse fluido, condensado no perispírito, pode oferecer princípios reparadores ao corpo; o Espírito, encarnado ou desencarnado, é o agente propulsor que infiltra num corpo deteriorado uma parte da substância do seu envoltório fluídico. A cura se opera mediante a substituição de uma molécula *malsã* por uma molécula *sã*.[59]

Outros fatores estão envolvidos na cura de enfermidades, como a qualidade e a quantidade do fluido transfundido, a

---
[59] KARDEC, Allan. *A gênese*, 2009, cap. 14, it. 31, p. 374.

vontade sincera de auxiliar o próximo e, este, por sua vez, de conseguir se beneficiar das energias recebidas.

> O poder curativo estará, pois, na razão direta da pureza da substância inoculada; mas depende, também, da energia da vontade, que provoca uma emissão fluídica mais abundante e dá ao fluido maior força de penetração. Depende ainda das intenções daquele que deseje realizar a cura, *seja homem ou Espírito*. Os fluidos que emanam de uma fonte impura são quais substâncias medicamentosas alteradas.[60]

Não podemos esquecer também a questão das provações previstas no planejamento reencarnatório, admitindo-se que nem todas as curas podem concretizar-se: "Há moléstias que têm, sem dúvida, função preponderante nos serviços de purificação do Espírito, surgindo com a criatura no berço ou seguindo-a, por anos a fio, na direção do túmulo".[61]

> As inibições congeniais, as mutilações imprevistas e as enfermidades dificilmente curáveis catalogam-se, indiscutivelmente, na tabela das provações necessárias, como certos medicamentos imprescindíveis figuram na ficha de socorro ao doente; contudo, os sintomas patológicos na experiência comum, em maioria esmagadora,

---

[60] Id. Ibid.
[61] XAVIER, Francisco Cândido. *Pensamento e vida*, 2009, cap. 28, p. 117.

decorrem dos reflexos infelizes da mente sobre o veículo de nossas manifestações, operando desajustes nos implementos que o compõem.[62]

O trabalhador do serviço de passe deve agir com desprendimento e confiança no Alto, jamais se preocupando com os resultados, até porque

> os efeitos da ação fluídica sobre os doentes são extremamente variados, de acordo com as circunstâncias. Algumas vezes é lenta e reclama tratamento prolongado, como no magnetismo ordinário; de outras é rápida, como uma corrente elétrica. [...] Entre os dois polos extremos [...] há infinitas gradações.[63]

De qualquer forma, o mecanismo básico da cura está relacionado à transmissão de fluidos salutares (curativos) a uma parte do organismo afetada por doença, resultando a recuperação da saúde. Em outras palavras, o princípio da cura "[...] é sempre o mesmo: o fluido, a desempenhar o papel de agente terapêutico e cujo efeito se acha subordinado à sua qualidade e a circunstâncias especiais".[64]

Perante as curas, ou ausência delas, é imperativo que o enfermo reflita sobre as causas geradoras, compreendendo que os males que afetam a máquina orgânica são

---
[62] Id. Ibid., p.117-118.
[63] KARDEC, Allan. *A gênese*, it. 32, p. 374-375.
[64] Id. Ibid., p. 375.

oportunidades do Espírito curar-se, reajustando-se às Leis de Deus. Concordamos com Emmanuel quando ele afirma: "Não nos interessa apenas a regeneração do veículo em que nos expressamos, mas, acima de tudo, o corretivo espiritual".[65]

> Que o homem comum se liberte da enfermidade, mas é imprescindível que entenda o valor da saúde. Existe, porém tanta dificuldade para compreendermos a lição oculta da moléstia no corpo, quanta se verifica em assimilarmos o apelo ao trabalho santificante que nos é endereçado pelo equilíbrio orgânico. Permitiria o Senhor a constituição da harmonia celular apenas para que a vontade viciada viesse golpeá-la e quebrá-la em detrimento do espírito? O enfermo pretenderá o reajustamento das energias vitais, entretanto, cabe-lhe conhecer a prudência e o valor dos elementos colocados à sua disposição na experiência edificante da Terra. [...] É sempre útil curar os enfermos, quando haja permissão de ordem superior para isto, contudo, em face de semelhante concessão do Altíssimo, é razoável que o interessado na bênção reconsidere as questões que lhe dizem respeito, compreendendo que raiou para seu espírito um novo dia no caminho redentor.[66]

No item que se segue, André Luiz nos ensina como prevenir doenças.

---
[65] XAVIER, Francisco Cândido. *Pão nosso*, 2006, cap. 44, p. 103.
[66] Id. Ibid., 103-104.

2.6.1 Preceitos de saúde[67]

1 – Guarde o coração em paz, à frente de todas as situações e de todas as coisas. Todos os patrimônios da vida pertencem a Deus.

2 – Apoie-se no dever rigorosamente cumprido. Não há equilíbrio físico sem harmonia espiritual.

3 – Cultive o hábito da oração. A prece é luz na defesa do corpo e da alma.

4 – Ocupe o seu tempo disponível com o trabalho proveitoso, sem esquecer o descanso imprescindível ao justo refazimento. A sugestão das trevas chega até nós pela hora vazia.

5 – Estude sempre. A renovação das ideias favorece a sábia renovação das células orgânicas.

6 – Evite a cólera. Enraivecer-se é animalizar-se caindo nas sombras de baixo nível.

7 – Fuja à maledicência. O lodo agitado atinge a quem o revolve.

---

[67] Id. *Aulas da vida*, 2002, cap. "Preceitos de saúde – mensagem do espírito André Luiz", p. 44-46.

8 – Sempre que possível, respire a longos haustos e não olvide o banho diário, ainda que ligeiro. O ar puro é precioso alimento e a limpeza é simples obrigação.

9 – Coma pouco. A criatura sensata come para viver, enquanto a criatura imprudente vive para comer.

10 – Use a paciência e o perdão infatigavelmente. Todos nós temos sido caridosamente tolerados pela Bondade Divina milhões de vezes e conservar o coração no vinagre da intolerância é provocar a própria queda na morte inútil.

3 Mecanismos do passe

3.1 Pensamento e vontade
3.2 A prece
3.3 O perispírito
3.4 Centro de forças e plexos
3.5 Mecanismos do passe

3.1 Pensamento e vontade

Se é que o tendes ouvido, e nele fostes ensinados, como está a verdade em Jesus [...] vos despojeis do velho homem [...] E vos renoveis no espírito da vossa mente;
(*Efésios*, 4:21-23).

O PENSAMENTO e a vontade exercem fator preponderante na existência, comandando ações e processo evolutivo. O pensamento é o espelho da mente, ensina Emmanuel:

> Nos seres primitivos, aparece sob a ganga do instinto, nas almas humanas surge entre as ilusões que salteiam a inteligência, e revela-se nos Espíritos aperfeiçoados por brilhante precioso a retratar a Glória Divina.[68]

Esclarece, igualmente, que "o reflexo esboça emotividade. A emotividade plasma a ideia. A ideia determina a atitude e a palavra que comandam as ações".[69]

> Em semelhantes manifestações alongam-se os fios geradores das causas de que nascem as circunstâncias,

---
[68] XAVIER, Francisco Cândido. *Pensamento e vida*, 2008. Cap. 1, p. 9.
[69] Id. Ibid., p. 10.

válvulas obliterativas ou alavancas libertadoras da existência. Ninguém pode ultrapassar de improviso os recursos da própria mente, muito além do círculo de trabalho que estagia; contudo, assinalamos, todos nós, os reflexos uns dos outros, dentro da nossa relativa capacidade de assimilação. Ninguém permanece fora do movimento de permuta incessante. Respiramos no mundo das imagens que projetamos e recebemos.[70]

A vontade, por outro lado, é o impulso consciente do Espírito, que estabelece rotas a serem seguidas ao longo da jornada evolutiva. No panorama da mente, a vontade é entendida como sendo

a gerência esclarecida e vigilante, governando todos os setores da ação mental. A Divina Providência concedeu-a por auréola luminosa à razão, depois da laboriosa e multimilenária viagem do ser pelas províncias obscuras do instinto.[71]

Associando pensamento e vontade, eletricidade e magnetismo, temos a conjugação de "todas as manifestações da vida universal, criando gravitação e afinidade, assimilação e desassimilação, nos campos múltiplos da forma que servem à romagem do Espírito para as metas supremas, traçadas pelo Plano Divino".[72]

---

[70] Id. Ibid., p. 10-11.
[71] Id. Ibid., cap. 2, p. 13-14.
[72] Id. Ibid., p. 14.

A vontade, contudo, é o impacto determinante. Nela dispomos do botão poderoso que decide o movimento ou a inércia da máquina. O cérebro é o dínamo que produz energia mental, segundo a capacidade de reflexão que lhe é própria; no entanto, na vontade temos o controle que a dirige nesse ou naquele rumo, estabelecendo causas que comandam os problemas do destino. [...] Só a vontade é suficientemente forte para sustentar a harmonia do Espírito.[73]

Sob o efeito do pensamento e da vontade, criamos e externamos forças ideoplásticas que nutrem não só os nossos desejos e aspirações íntimos, mas materializam nossas metas e objetivos na vida. Desta forma, em qualquer tarefa que executemos, por menor e mais simples que seja, o pensamento e a vontade representam o alimento essencial que norteiam nossos atos, bons ou infelizes.

Tais conceitos se revelam especialmente importantes para entender como se dá a transmissão de fluidos durante o passe: "Os Espíritos atuam sobre os fluidos espirituais, não os manipulando como os homens manipulam os gases, mas empregando o pensamento e a vontade".[74]

Para os Espíritos, o pensamento e a vontade são o que é a mão para o homem. Pelo pensamento, eles imprimem

---

[73] Id. Ibid., p. 14-15.
[74] KARDEC, Allan. *A gênese*, 2009, cap. XXIV, it. 14, p. 358.

> àqueles fluidos tal ou qual direção, os aglomeram, combinam ou dispersam, organizando com eles conjuntos que apresentam uma aparência, uma forma, uma coloração determinadas; mudam-lhes as propriedades, como um químico muda a dos gases ou de outros corpos, combinando-os segundo certas leis [...].[75]

A pessoa que transmite o passe deve, pois, ter controle sobre o seu pensamento e a sua vontade, sobretudo no momento da doação fluídica. Apoiando-se na prece e no sincero desejo de auxiliar o próximo, torna-se dócil à influência benéfica dos orientadores espirituais, captada pelos canais da intuição. Deve considerar, igualmente, que

> sendo os fluidos o veículo do pensamento, este atua sobre os fluidos como o som sobre o ar; eles nos trazem o pensamento, como o ar nos traz o som. Pode-se, pois, dizer, sem receio de errar, que há, nesses fluidos, ondas e raios de pensamentos, que se cruzam sem se confundirem, como há no ar ondas e vibrações sonoras. Há mais: criando *imagens fluídicas*, o pensamento se reflete no envoltório perispirítico, como num espelho; toma nele corpo e aí de certo modo *se fotografa*. [...] É assim que os mais secretos movimentos da alma repercutem no envoltório fluídico [perispiritual]; que uma alma pode ler em outra

---
[75] Id. Ibid.

alma como num livro e ver o que não é perceptível aos olhos do corpo.[76]

Para o trabalho de passe ser considerado eficiente e atender a finalidade maior de auxiliar o próximo, pede-se aos membros da equipe a devida renovação mental, pelo pensamento e pela vontade, aliada a uma conduta existencial digna. Somente assim poderemos nos candidatar a agir como instrumentos dos benfeitores espirituais.

> A renovação mental é como se fosse um processo de desobstrução de um canal comum, a fim de que, por ele, fluam incessantemente as águas. A nossa mente é um canal. Mente purificada é canal desobstruído.[77]

---

[76] Id. Ibid., it. 15, p. 359-360.
[77] Peralva, Martins. *Estudando a mediunidade*, 2009, cap. XXVI, p.194.

3.2 A prece

E a oração da fé salvará o doente, e o Senhor o levantará; [...] e orai uns pelos outros, para que sareis. A oração feita por um justo pode muito em seus efeitos.
(Tiago, 5:15 a 16).

A PRECE produz benefícios, em quaisquer circunstâncias:

> Através dela o homem entra em comunicação, pelo pensamento, com o ser a quem se dirige. Pode ter como objeto um pedido, um agradecimento, ou uma glorificação. Podemos orar por nós mesmos ou por outros, pelos vivos e pelos mortos.[78]

> Pela prece o homem atrai o concurso dos Espíritos bons, que vêm sustentá-lo em suas boas resoluções e inspirar-lhe bons pensamentos. Ele adquire, desse modo, a força moral necessária para vencer as dificuldades e voltar ao caminho reto, se deste se afastou. Por esse meio, pode também desviar de si os males que atrairia pelas suas próprias faltas.[79]

---

[78] KARDEC, Allan. *O evangelho segundo o espiritismo*, 2008, cap. XXVII, it. 9, p. 460.
[79] Id. Ibid., it. 11, p. 461-462.

No trabalho de passe, a prece se revela indispensável, permitindo que o servidor espírita entre em comunhão com os benfeitores da Vida Maior e canalize os benefícios espirituais aos necessitados, visto que, conforme assevera o orientador Conrado, personagem do livro *Nos domínios da mediunidade*,

> A oração é prodigioso banho de forças, tal a vigorosa corrente mental que atrai. [...] A oração, com o reconhecimento de nossa desvalia, coloca-nos na posição de simples elos de uma cadeia de socorro, cuja orientação reside no Alto.[80]

Dessa forma, o trabalho de passe na casa espírita

> é serviço. [A] oração é força. Pela oração a criatura se dirige mais intensamente ao Criador, procurando-lhe apoio e benção, e, através da ação, o Criador se faz presente na criatura, agindo com ela e em favor dela.[81]

Antes de iniciar a aplicação do passe, o coordenador da equipe ou pessoa por ele designada profere a prece, evocando o auxílio dos bons Espíritos, em nome de Deus e de Jesus.

> Em toda situação e em qualquer tempo, cabe ao médium passista buscar na prece o fio de ligação com os planos

---

[80] XAVIER, Francisco Cândido. *Nos domínios da mediunidade*, 2010, cap. 17, p. 192.
[81] Id., *Rumo certo*, 2008, cap. 42, p. 160.

mais elevados da vida, porquanto, através da oração, contará com a presença sutil dos instrutores que atendem aos misteres da Providência Divina, a lhe utilizarem os recursos para a extensão incessante do eterno Bem.[82]

A prece deve ser simples e breve, considerando que há pessoas necessitadas para serem atendidas. Saturada de bons sentimentos, deve criar ambiente vibratório fraterno, propício ao auxílio:

> A vossa prece deve conter o pedido das graças de que necessitais, mas de que necessitais realmente. Inútil, portanto, pedir ao Senhor que abrevie as vossas provas, que vos dê alegrias e riquezas. Rogai-lhe que vos conceda os bens mais preciosos da paciência, da resignação e da fé.[83]

Concluído o atendimento pelo passe, o trabalho é encerrado com uma prece de agradecimento.

Esta mensagem de Santo Agostinho sintetiza o valor da prece em todas as situações da vida, não somente no momento do passe.

3.2.1 Felicidade que a prece proporciona[84]

Vinde, vós que desejais crer. Os Espíritos celestes acorrem a vos anunciar grandes coisas. Deus, meus filhos, abre os seus

---

[82] XAVIER, Francisco Cândido; VIEIRA, Waldo. *Mecanismos da mediunidade*, 2010, cap. 22, it. "Passe e oração", p. 178.
[83] KARDEC, Allan. *O evangelho segundo o espiritismo*, 2008, cap. XXVII, it. 23, p. 473-474.
[84] Id. Ibid.

tesouros para vos conceder todos os benefícios. Homens incrédulos! Se soubésseis quão grande bem faz a fé ao coração e como induz a alma ao arrependimento e à prece! A prece! Ah! como são tocantes as palavras que saem da boca daquele que ora! A prece é o orvalho divino que aplaca o calor excessivo das paixões. Filha primogênita da fé, ela nos encaminha para a senda que conduz a Deus. No recolhimento e na solidão, estais com Deus. Para vós, já não há mistérios, pois eles se vos desvendam. Apóstolos do pensamento, para vós é a vida. Vossa alma se desprende da matéria e rola por esses mundos infinitos e etéreos, que os pobres humanos desconhecem.

Marchai, marchai pelas veredas da prece e ouvireis as vozes dos anjos. Que harmonia! Já não são o ruído confuso e os sons estridentes da Terra; são as liras dos arcanjos; são as vozes brandas e suaves dos serafins, mais delicadas do que as brisas matinais, quando brincam na folhagem dos vossos bosques. Por entre que delícias não caminhareis! A vossa linguagem não poderá exprimir essa ventura, tão rápida ela entra por todos os vossos poros, tão viva e refrescante é a fonte em que se bebe, orando! Doces vozes, inebriantes perfumes, que a alma ouve e aspira, quando se lança a essas esferas desconhecidas e habitadas pela prece! Livres dos desejos carnais, todas as aspirações são divinas. Também vós, orai como o Cristo, levando a sua cruz ao Gólgota, ao Calvário. Carregai a vossa cruz e sentireis as doces emoções que passavam em sua alma, embora sob o peso do madeiro infamante. Ele ia morrer, mas para viver a vida celestial na morada de seu Pai.

3.3 Perispírito

Se há corpo natural, há também corpo espiritual.[...]; porque convém que isto que é corruptível se revista da incorruptibilidade, e que isto que é mortal se revista da imortalidade. E, quando isto que é corruptível se revestir da incorruptibilidade, e isto que é mortal se revestir da imortalidade, então cumprir-se-á a palavra que está escrita: Tragada foi a morte na vitória. Onde está, ó morte, o teu aguilhão? Onde está, ó inferno, a tua vitória?
(*I Coríntios*, 15:44 e 53-55).

Os Espíritos da Codificação ensinam que o Espírito, propriamente dito, encontra-se envolvido em uma substância vaporosa que lhe permite relacionar-se no plano de vida onde se encontra.[85] Essa substância foi denominada *perispírito* por Allan Kardec, palavra construída pela união de dois vocábulos: *peri* + *spiritus*, cujo significado *é peri*, do grego "em torno de"; *spiritus*, do latim "alma" ou "espírito".

Para tornar claro o conceito de perispírito, Kardec apresentou esta comparação: "Assim como o gérmen de um fruto é envolvido pelo perisperma, o Espírito propriamente dito é revestido por um envoltório que, por comparação, se pode chamar *perispírito*".[86]

---

[85] KARDEC, Allan. *O livro dos médiuns*, segunda parte, cap. IV, it. 74, nº 12, Observação, p. 113.
[86] Id, *O livro dos espíritos*, 2010, q. 93-comentário, p. 125.

> [...] Mas, qualquer que seja o grau em que se encontre, o Espírito está sempre revestido de um envoltório, ou perispírito, cuja natureza se eteriza, à medida que ele se depura e eleva na hierarquia espiritual. [...] Desse modo, o perispírito faz parte integrante do Espírito, assim como o corpo faz parte integrante do homem. Mas o perispírito, considerado isoladamente, não é o Espírito, da mesma forma que, sozinho, o corpo não constitui o homem, já que o perispírito não pensa. Ele é para o Espírito o que o corpo representa para o homem: o agente ou instrumento de sua ação.[87]

O perispírito é de natureza semimaterial[88], constituído de elementos fluídicos e materiais, retirados "do meio ambiente, do fluido universal".[89]

O perispírito, ou corpo fluídico dos Espíritos, é um dos produtos mais importantes do fluido cósmico; é uma condensação desse fluido em torno de um foco de inteligência ou *alma*.

> Já vimos que também o corpo carnal tem seu princípio de origem nesse mesmo fluido condensado e transformado em matéria tangível. No perispírito, a transformação molecular se opera diferentemente, pois o fluido conserva a sua imponderabilidade e suas qualidades etéreas. O corpo perispirítico e o corpo carnal têm, pois, origem no

---

[87] Id. Ibid., segunda parte, cap. I, item 55, p. 93.
[88] Id., *O livro dos espíritos*, q. 135-a, p. 149.
[89] Id. Ibid., q. 257, p. 225.

mesmo elemento primitivo; ambos são matéria, ainda que em dois estados diferentes.[90]

Sendo assim, o homem encarnado é constituído de três partes fundamentais:[91]

1º) O corpo ou ser material, análogo ao dos animais e animado pelo mesmo princípio vital;

2º) A alma, Espírito encarnado que tem no corpo a sua habitação;

3º) O princípio intermediário, ou *perispírito*, substância semimaterial que serve de primeiro envoltório ao Espírito e une a alma ao corpo. *Tais são, num fruto, a semente, a polpa e a casca.*

O "[...] *perispírito*, existe, pois, durante a vida corpórea; é o intermediário de todas as sensações que o Espírito percebe e pelo qual transmite sua vontade ao exterior e atua sobre os órgãos do corpo. Para nos servirmos de uma comparação material, diremos que é o fio elétrico condutor, que serve para a recepção e a transmissão do pensamento [...]".[92] Com a desencarnação, o Espírito perde apenas o corpo físico, utilizando diretamente o perispírito como veículo de manifestação no Plano Espiritual.

---

[90] Id., *A gênese*, 2010, cap. 14, it. 7, p. 352-353.
[91] Id., *O livro dos espíritos*, q. 135-a- comentário, p. 149.
[92] Id., *O livro dos médiuns*, 2008, segunda parte, cap. I, item 54, p. 93.

Um ponto muito importante que precisa ser considerado diz respeito à "natureza do envoltório fluídico [que] está sempre em relação com o grau de adiantamento moral do Espírito".[93] Esta é uma das razões que dificulta, ou impede, o deslocamento de Espíritos menos evoluídos para planos mais elevados.

> [...] Os Espíritos inferiores não podem mudar de envoltório a seu bel-prazer e, por conseguinte, não podem passar, à vontade, de um mundo para outro. O envoltório fluídico de alguns deles, se bem que etéreo e imponderável com relação à matéria tangível, é ainda pesado demais, se assim nos podemos exprimir, com relação ao Mundo Espiritual, para não permitir que eles saiam do meio que lhes é próprio. Nessa categoria se devem incluir aqueles cujo perispírito é tão grosseiro, que eles o confundem com o corpo carnal, razão pela qual acreditam-se vivos [encarnados]. Esses Espíritos, cujo número é considerável, permanecem na superfície da Terra, como os encarnados, julgando-se entregues às suas ocupações terrenas. Outros, um pouco mais desmaterializados, não o são, contudo, suficientemente, para se elevarem acima das regiões terrestres.[94]

É importante destacar que o perispírito mantém a vitalidade do corpo físico, nutrindo-o desde a sua formação e

---
[93] Id., *A gênese*, it. 9, p. 353.
[94] Id. Ibid., it. 9, p. 353-354.

desenvolvimento no útero materno até a desencarnação do Espírito, como bem esclarece Denis: "Insensível às causas de desagregação e destruição que afetam o corpo físico, o perispírito assegura a estabilidade da vida em meio da contínua renovação das células".[95] Além disso, diz Kardec que "o perispírito desempenha importante papel em todos os fenômenos psicológicos e, até certo ponto, nos fenômenos fisiológicos e patológicos".[96]

> O perispírito serve de intermediário entre o Espírito e o corpo. É órgão [corpo] transmissor de todas as sensações. Em relação às que vem do exterior, pode-se dizer que o corpo recebe a impressão; o perispírito a transmite, e o Espírito que é o ser sensível e inteligente, a recebe. Quando o ato é de iniciativa do Espírito, pode-se dizer que o Espírito quer, o perispírito transmite e o corpo executa.[97]

O perispírito, como qualquer corpo vivo da Natureza, apresenta propriedades necessárias ao seu funcionamento. Algumas destas refletem funções específicas, em seguida destacadas. Contudo, independentemente do nível de depuração perispiritual, este corpo sutil do Espírito, "quanto à forma somática, obedece a leis de gravidade no plano a que se afina".[98]

---

[95] DENIS, Léon. *No invisível*, 2008, primeira parte, Cap. III, p. 64.
[96] KARDEC, Allan. *Obras póstumas*, 2009, primeira parte, it. I, nº 12, p. 67.
[97] Id. Ibid., primeira parte, it. I, nº 10, p. 66-67.
[98] XAVIER, Francisco Cândido. *Roteiro*, 2004, cap. 6, p. 33.

3.3.1 Propriedades do perispírito

3.3.1.1 Densidade e ponderabilidade

Ambas as propriedades estão relacionadas à constituição molecular do perispírito.

> A densidade varia [...] de acordo com o estado dos mundos. Parece que também varia, em um mesmo mundo, de indivíduo para indivíduo. Nos Espíritos *moralmente* adiantados, é mais sutil e se aproxima da densidade dos Espíritos elevados; nos Espíritos inferiores, ao contrário, aproxima-se da matéria e é isso que faz que os Espíritos de baixa categoria conservem por muito tempo as ilusões da vida terrestre. Eles pensam e agem como se ainda estivessem encarnados [...].[99]

A ponderabilidade diz respeito ao peso específico do perispírito, variável com a sua densidade.

> [...] Nossa posição mental determina o peso específico do nosso envoltório espiritual e, consequentemente, o "habitat" que lhe compete. Mero problema de padrão vibratório. [...] O crescimento do influxo mental, no veículo eletromagnético em que nos movemos, [...] está na

---

[99] KARDEC, Allan. *O livro dos médiuns*, segunda parte, cap. IV, it. 74, nº 12, Observação, p. 113.

medida da experiência adquirida e arquivada em nosso próprio Espírito. Atentos a semelhante realidade, é fácil compreender que sublimamos ou desequilibramos o delicado agente de nossas manifestações, conforme o tipo de pensamento que nos flui da vida íntima. Quanto mais nos avizinhamos da esfera animal, maior é a condensação obscurecente de nossa organização, e quanto mais nos elevamos, ao preço do esforço próprio, no rumo das gloriosas construções do Espírito, maior é a sutileza de nosso envoltório, que passa a combinar-se facilmente com a beleza, com a harmonia e com a luz reinantes na Criação Divina. [...].[100]

3.3.1.2 Expansibilidade e penetrabilidade

Expansibilidade é a propriedade que permite ao perispírito sua expansão e exteriorização, facilmente percebida, por exemplo, durante a manifestação nos fenômenos de emancipação da alma, nas doações fluídicas (passe, irradiações mentais) e em alguns processos mediúnicos.

> O perispírito não se acha encerrado nos limites do corpo, como numa caixa. Pela sua natureza fluídica, ele é expansível, irradia para o exterior e forma, em torno do corpo, uma espécie de atmosfera que o pensamento e a força de vontade podem dilatar mais ou menos. Daí se

---
[100] XAVIER, Francisco Cândido. *Entre a Terra e o Céu*, 2010, cap. 20, p. 163-164.

segue que pessoas que não estejam corporalmente em contato podem achar-se em contato pelos seus perispíritos e permutar, à revelia delas, certas impressões e, algumas vezes, pensamentos, por meio da intuição.[101]

Como a penetrabilidade está relacionada à expansibilidade, é possível ao Espírito atravessar obstáculos do plano físico:

> Matéria nenhuma lhe opõe obstáculo; ele as atravessa todas, como a luz atravessa os corpos transparentes. É por isso que não há como impedir que os Espíritos entrem num recinto inteiramente fechado.[102]

3.3.1.3 Luminosidade

O brilho refletido pelo perispírito tem relação direta com o grau evolutivo do Espírito.

> Por sua natureza, o perispírito possui uma propriedade luminosa que se desenvolve sob o influxo da atividade e das qualidades da alma. Poder-se-ia dizer que essas qualidades estão para o fluido perispirítico como a fricção para o fósforo. A intensidade da luz é diretamente proporcional à pureza do Espírito, de sorte que as menores imperfeições morais a atenuam

---

[101] KARDEC, Allan. *Obras póstumas*, Primeira parte, it. I, nº 11, p. 67.
[102] Id. Ibid., Primeira parte, it. II, nº 16, p. 70.

e a enfraqueçam. A luz irradiada por um Espírito será tanto mais viva, quanto maior for o seu adiantamento. Sendo o Espírito, de algum modo, o seu próprio farol, verá mais ou menos segundo a intensidade da luz que produz, de onde se conclui que os Espíritos que não a produzem acham-se na obscuridade.[103]

3.3.1.4 Plasticidade

A plasticidade imprime alterações morfológicas no perispírito do ser, modificando-lhe a usual aparência.

> Organismo delicado, com extremo poder plástico, modifica-se sob o comando do pensamento. É necessário, porém, acentuar que o poder apenas existe onde prevaleçam a agilidade e a habilitação que só a experiência consegue conferir. Nas mentes primitivas, ignorantes e ociosas, semelhante vestidura se caracteriza pela feição pastosa, verdadeira continuação do corpo físico, ainda animalizado ou enfermiço. O progresso mental é o grande doador de renovação ao equipamento do Espírito em qualquer plano de evolução. Note-se, contudo, que não nos reportamos aqui ao aperfeiçoamento interior. O crescimento intelectual, com intensa capacidade de ação, pode pertencer a inteligências

---

[103] Id., *O céu e o inferno*, 2008, segunda parte, cap. IV, it. "Estudo sobre as comunicações de Claire", p. 374-375.

perversas. Daí a razão de encontrarmos, em grande número, compactas falanges de entidades libertas dos laços fisiológicos, operando nos círculos da perturbação e da crueldade, com admiráveis recursos de modificação nos aspectos em que se exprimem. [...].[104]

3.3.1.5 Semimaterialidade

O perispírito é formado "por substâncias químicas que transcendem a série estequiogenética conhecida até agora pela ciência terrena, é aparelhagem de matéria rarefeita, alterando-se, de acordo com o padrão vibratório do campo interno".[105]

A série estequiométrica citada pelo Espírito refere-se às partículas atômicas básicas (elétrons, prótons e nêutrons) e as subpartículas atômicas (quarks, léptons etc.), unidades envolvidas na formação de qualquer tipo de matéria. A palavra estequiometria, do grego *stoicheon*, traz o significado de medida de elementos químicos, tipos e quantidades, encontrados em uma substância.

3.3.1.6 Sensação e sensibilidade

No corpo físico, as sensações são percebidas pelos sentidos e veiculadas por meio de um ou mais órgãos, com o auxílio do

---

[104] XAVIER, Francisco Cândido. *Roteiro*, 2004, cap. 6, p. 32.
[105] Id. Ibid., p. 31-32.

perispírito. Nos desencarnados, as sensações e percepções não estão circunscritas:

> Todas as percepções são atributos do Espírito e fazem parte do seu ser. Quando está revestido de um corpo material, elas só lhe chegam pelo conduto dos órgãos; mas, no estado de liberdade, deixam de estar localizadas.[106]

Kardec complementa esse esclarecimento, fornecido pelos orientadores da Codificação, com outros, muito elucidativos:

> [...] Liberto do corpo, o Espírito pode sofrer, mas esse sofrimento não é corpóreo, embora não seja exclusivamente moral, como o remorso, já que ele se queixa de frio e calor.[107]

> As [...] sensações agradáveis, como as desagradáveis, são transmitidas ao Espírito pelo perispírito. [...].[108]

> A alma, ou Espírito, tem, pois, em si mesma, a faculdade de todas as percepções. Na vida corpórea as percepções se obliteram pela grosseria dos nossos órgãos; na vida extracorpórea, essa obliteração é cada vez menor, à medida que se exterioriza o envoltório semimaterial.[109]

---

[106] KARDEC, Allan. *O livro dos espíritos*, q. 249-a, p. 222.
[107] Id. Ibid., q. 257-comentário, p. 226.
[108] Id. Ibid., p. 227.
[109] Id. Ibid., p. 229.

3.3.1.7 Tangibilidade

É propriedade perispiritual diretamente envolvida na materialização de Espíritos e de objetos.

> [...] Sob a influência de certos médiuns, tem-se visto aparecerem mãos com todas as propriedades de mãos vivas que, como estas, são dotadas de calor, podem ser palpadas, oferecem a resistência de um corpo sólido, agarram os circunstantes e, de repente, se dissipam como uma sombra. [...] A tangibilidade que revelam, a temperatura, a impressão, em suma, que causam aos sentidos, pois se verificou que deixam marcas na pele, que dão pancadas dolorosas ou acariciam delicadamente, provam que são de uma matéria qualquer. Sua desaparição instantânea comprova, além disso, que essa matéria é eminentemente sutil e se comporta como certas substâncias que podem passar, alternativamente, do estado sólido ao estado fluídico e vice-versa.[110]

---

[110] Id. Ibid., *O livro dos médiuns*, segunda parte, cap. IV, it. 57, p. 95.

3.4 Centros de força e plexos

Porque, assim como o corpo é um, e tem muitos membros, e todos os membros, sendo muitos, são um só corpo [...]
(*I Coríntios*, 12:12).

O Espírito André Luiz utiliza as expressões *centros de força*[111] ou *centros vitais*[112] para conceituar sete estruturas localizadas em pontos específicos do perispírito, através das quais ele se conecta ao corpo físico, utilizando a rede de nervos que integram os *plexos nervosos* do organismo.

Centro de força e *plexos* são palavras que, no contexto, guardam semelhança de significado: "centro" é o mesmo que "ponto de convergência".[113] *Força* é entendida como "energia"[114] e *plexo* é uma "rede de nervos ou de vasos sanguíneos ou linfáticos".[115] Assim, os plexos nervosos são constituídos de nervos; os plexos sanguíneos agrupam as veias e artérias, de diferentes calibre e extensão; e os plexos linfáticos abrangem os vasos que conduzem a linfa por toda a extensão corporal.

---

[111] XAVIER, Francisco Cândido. *Entre a Terra e o Céu*, 2010, cap. 20, p. 163.
[112] XAVIER, Francisco Cândido; VIEIRA, Waldo. *Evolução em dois mundos*, 2010, primeira parte, cap. 2, it. "Centros vitais", p. 30.
[113] HOUAISS, Antônio; VILLAR, Mauro S. *Dicionário Houaiss da língua portuguesa*, 2009, p. 437.
[114] Id. Ibid., p. 915.
[115] THOMAS, Clayton (Coord.). *Dicionário médico enciclopédico taber*, 2009, p. 1381.

Importa destacar que os centros de força e os plexos estão organizados na forma de rede ou malha, representando pontos centrais para onde convergem e entrecruzam, respectivamente, estruturas perispirituais e corporais.

3.4.1 Os centros de força

São aglomerados perispirituais de natureza eletromagnética, utilizados pelo Espírito para manifestar o seu pensamento e a sua vontade, os quais, na situação do Espírito encarnado, ligam-se ao veículo somático, via plexos nervosos.

A interação Espírito-perispírito-corpo, e vice-versa, é possível porque o perispírito é "um envoltório semimaterial, isto é, que pertence à matéria por sua origem e à espiritualidade por sua natureza etérea"[116] e, também, porque, desde o momento da reencarnação,

> [...] o perispírito, possui certas propriedades da matéria, se une, *molécula a molécula*, ao corpo que se forma. É por isso que se diz que o Espírito, por intermédio do seu perispírito, se *enraíza*, de certa maneira, nesse gérmen [organismo], como uma planta na terra.[117]

André Luiz relata em seu livro *Entre a Terra e o Céu* a significativa informação de Clarêncio, um dos ministros da colônia

---
[116] KARDEC, Allan. *A gênese*, 2010, cap. 11, it. 17, p. 270-271.
[117] Id. Ibid., it. 18, p. 271.

espiritual Nosso Lar, de que há sete centros de força (ou vitais) que se conectam ao corpo somático:

> Como não desconhecem, o nosso corpo de matéria rarefeita está intimamente regido por sete centros de força, que se conjugam nas ramificações dos plexos e que, vibrando em sintonia uns com os outros, ao influxo do poder diretriz da mente, estabelecem, para nosso uso, um veículo de células elétricas, que podemos definir como sendo um campo eletromagnético, no qual o pensamento vibra em circuito fechado. Nossa posição mental determina o peso específico do nosso envoltório espiritual e, consequentemente, o "habitat" que lhe compete. [118]

É válido reforçar os principais esclarecimentos que constam desse ensinamento de Clarêncio:

1º) Os sete centros de força "se conjugam nas ramificações dos plexos".
2º) Os centros de força vibram "em sintonia uns com os outros, ao influxo do poder diretriz da mente".
3º) Os centros de força "estabelecem um veículo de células elétricas, que podemos definir como sendo um campo eletromagnético".

Em seguida, o Espírito faz análise da fisiologia do perispírito, assinalando a função de cada centro de força.

---

[118] XAVIER, Francisco Cândido. *Entre a Terra e o Céu*, 2010, cap. 20, p. 163.

3.4.2 Centro de força coronário

É considerado

> [...] o mais significativo em razão do seu alto potencial de radiações, de vez que nele assenta a ligação com a mente, fulgurante sede da consciência. Esse centro recebe em primeiro lugar os estímulos do espírito, comandando os demais, vibrando todavia com eles em justo regime de interdependência. Considerando em nossa exposição os fenômenos do corpo físico, e satisfazendo aos impositivos de simplicidade em nossas definições, devemos dizer que dele emanam as energias de sustentação do sistema nervoso e suas subdivisões, sendo o responsável pela alimentação das células do pensamento e o provedor de todos os recursos eletromagnéticos indispensáveis à estabilidade orgânica. É, por isso, o grande assimilador das energias solares e dos raios da Espiritualidade superior capazes de favorecer a sublimação da alma.[119]

> Instalado na região central do cérebro, sede da mente, [é] centro que assimila os estímulos do Plano superior e orienta a forma, o movimento, a estabilidade, o metabolismo orgânico e a vida consciencial da alma encarnada ou desencarnada, nas cintas de aprendizado que lhe corresponde no abrigo planetário. O

---

[119] Id. Ibid., p. 164-165.

centro coronário supervisiona, ainda, os outros centros vitais que lhe obedecem ao impulso, procedente do Espírito, assim como as peças secundinas de uma usina respondem ao comando da peça-motor de que se serve o tirocínio do homem para concatená-las e dirigi-las.[120]

3.4.3 Centro de força cerebral

Contíguo ao "centro coronário", que ordena as percepções de variada espécie, percepções essas que, na vestimenta carnal, constituem a visão, a audição, o tato e a vasta rede de processos da inteligência que dizem respeito à Palavra, à Cultura, à Arte, ao Saber. É no "centro cerebral" que possuímos o comando do núcleo endocrínico, referente aos poderes psíquicos.[121]

O centro cerebral também governa

o córtice encefálico na sustentação dos sentidos, marcando a atividade das glândulas endocrínicas e administrando o sistema nervoso, em toda a sua organização, coordenação, atividade e mecanismo. Desde os neurônios sensitivos até as células efetoras [...].[122]

---

[120] XAVIER, Francisco Cândido; VIEIRA, Waldo. *Evolução em dois mundos*, 2010, primeira parte, cap. 2, p. 31.
[121] XAVIER, Francisco Cândido. *Entre a Terra e o Céu*, 2010, cap. 20, p. 165.
[122] XAVIER, Francisco Cândido; VIEIRA, Waldo. *Evolução em dois mundos*, 2010, primeira parte, cap. 2, p. 31.

3.4.4 Centro de força laríngeo

Este centro "preside aos fenômenos vocais, inclusive às atividades do timo, da tireoide e das paratireoides".[123] Controla, portanto, "a respiração e a fonação".[124]

3.4.5 Centro de força cardíaco

É o centro "que sustenta os serviços da emoção e do equilíbrio geral".[125]

3.4.6 Centro de força esplênico

"No corpo denso, está sediado no baço, regulando a distribuição e a circulação adequada dos recursos vitais em todos os escaninhos do veículo de que nos servimos".[126] Atua, dessa forma, em "todas as atividades em que se exprime o sistema hemático, dentro das variações de meio e volume sanguíneo" [...].[127]

3.4.7 Centro de força gástrico

É o centro "que se responsabiliza pela penetração de alimentos e fluidos em nossa organização".[128] Responsabiliza-se

---

[123] XAVIER, Francisco Cândido. *Entre a Terra e o Céu*, 2010, cap. 20, p. 165.
[124] XAVIER, Francisco Cândido e VIEIRA, Waldo. *Evolução em dois mundos*, 2010, primeira parte, cap. 2, p. 31.
[125] XAVIER, Francisco Cândido, op. cit., cap. 20, p. 165.
[126] Id. Ibid., p. 165.
[127] XAVIER, Francisco Cândido; VIEIRA, Waldo, op. cit., primeira parte, cap. 2, p. 31.
[128] XAVIER, Francisco Cândido, op. cit., cap. 20, p. 165. Id. p. 165-166.

"pela digestão e absorção dos alimentos densos ou menos densos que, de algum modo, representam concentrados fluídicos penetrando-nos a organização [...]".[129]

3.4.8 Centro de força genésico

Neste centro "se localiza o santuário do sexo, como templo modelador das formas e estímulos".[130] É por este centro que corpos físicos são construídos, nos processos reencarnatórios, "guiando a modelagem de novas formas entre os homens [encarnados] ou o estabelecimento de estímulos criadores, com vistas ao trabalho, à associação e à realização entre as almas".[131]

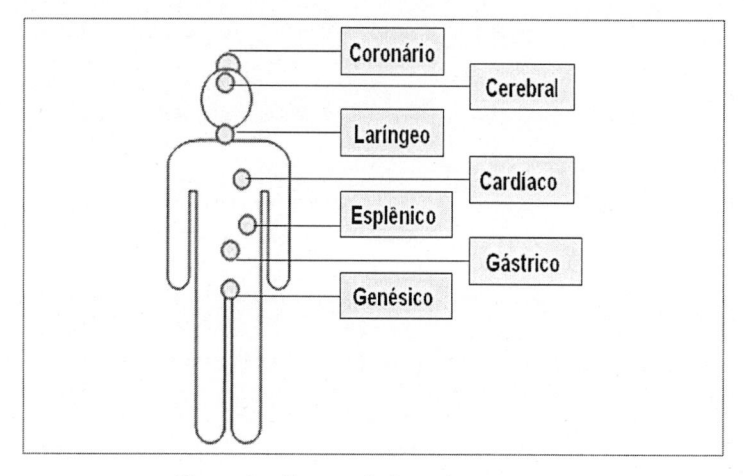

Figura 1 – Centros de força do perispírito

---

[129] XAVIER, Francisco Cândido e VIEIRA, Waldo. *Evolução em dois mundos*, 2010, primeira parte, cap. 2, p. 31-32.
[130] XAVIER, Francisco Cândido. *Entre a Terra e o Céu*, 2010, cap. 20, p. 166.
[131] XAVIER, Francisco Cândido; VIEIRA, Waldo. *op. cit.*, primeira parte, cap. 2, p. 32.

3.4.9 Os plexos e o sistema nervoso

Os plexos nervosos são estruturas do organismo somático — integrados ao *sistema nervoso periférico*. Estão organizados em uma rede de nervos que se entrecruzam, semelhantemente à fiação de uma caixa de distribuição elétrica.

O sistema nervoso é constituído de duas partes:

Sistema nervoso central (SNC) que abrange o encéfalo (cérebro, cerebelo, bulbo e ponte) e a medula espinhal (ou nervosa). São funções básicas do SNC: receber, analisar, processar e integrar as informações.

Sistema nervoso periférico (SNP), constituído de nervos, gânglios e os plexos. Tem como função primordial conectar o sistema nervoso central (SNC) às diferentes partes, órgãos e estruturas do corpo humano. O sistema nervoso periférico (SNP) está, por sua vez, dividido em:

- Sistema nervoso periférico somático: é responsável pelos movimentos musculares voluntários e pelas comunicações com o sistema nervoso central através dos nervos sensoriais e os nervos motores;

- Sistema nervoso periférico autônomo: tem por função regular o ambiente interno do corpo, controlando a atividade dos sistemas digestivos, cardiovascular, excretor e endócrino. A seu cargo fica o controle dos músculos lisos, das vísceras e das glândulas, sendo composto por duas divisões complementares e antagônicas: *simpático* (aumento do batimento cardíaco, da pressão arterial do metabolismo, da concentração de açúcar no sangue etc.) e *parassimpático* (reduz o ritmo cardíaco, a pressão arterial, o metabolismo, a concentração de açúcar etc.).

```
                    SISTEMA NERVOSO
                    /            \
      Sistema Nervoso Central   Sistema Nervoso Periférico
            (SNC)                       (SNP)
           /     \                      /      \
      Encéfalo  Medula              SNP         SNP
                Espinhal          Somático    Autônomo
                                              /       \
                                         Simpático  Parassimpático
                                                 \    /
                                                PLEXOS
```

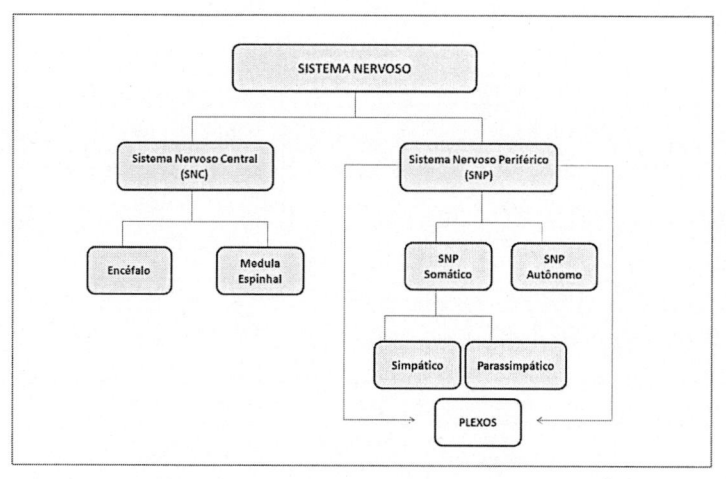

Figura 2 – Constituição do sistema nervoso

3.4.10 Plexos nervosos

No organismo humano, há quatro plexos nervosos, localizados no tronco e integrados ao sistema nervoso central (somático e autônomo). Neste sistema, os nervos se bifurcam, depois se cruzam com as bifurcações de outros nervos, formando um intrincado cruzamento de vias nervosas, denominados *plexos nervosos*.

Os quatro plexos nervosos são:

Plexo cervical: abrangem ou nervos da cabeça, pescoço e ombro;

Plexo braquial: contém os nervos da região peitoral (tórax) e dos membros superiores (do antebraço aos dedos das mãos);

Plexo lombar: comporta os nervos que irrigam as costas, virilha, abdômen e membros inferiores (da coxa aos dedos dos pés);

Plexo sacro: constitui-se de nervos da pelve, nádegas, órgãos sexuais, coxa, perna e pés. Devido à interligação do plexo lombar e do plexo sacro, por vezes é designado plexo lombo-sacro.

Retomando as explicações de Clarêncio (nota de rodapé nº 118), relatadas por André Luiz, lembremos que o perispírito interage intima e profundamente com o corpo físico porque os seus centros de força se conectam à rede de nervos que fazem parte dos plexos. Neste sentido, um mesmo plexo nervoso pode captar diferentes tipos de energia, oriundas de mais de um centro de força perispiritual.

3.5 Mecanismos do passe

Curai os enfermos, limpai os leprosos, ressuscitai os mortos, expulsai os demônios; de graça recebestes, de graça dai.
(*Mateus*, 10:8).

Em todos os momentos, irradiamos fluidos e energias ao meio onde vivemos, e também captamos as emanações do ambiente, dentro de um processo natural de sintonia e intercâmbio mental. Influenciamos e somos influenciados por entidades encarnadas e desencarnadas. Na maioria das vezes, não controlamos as nossas irradiações que fluem espontaneamente, envolvendo-nos em uma aura energética, característica do patamar evolutivo em que nos situemos.

A propósito, ensina Emmanuel:

> Ninguém se esqueça de que estamos assimilando incessantemente as energias mentais daqueles com quem nos colocamos em relação. E, além disso, estamos sempre em contato com o que podemos nomear como sendo "geradores específicos de pensamentos". Através deles, outras inteligências atuam sobre a nossa. Um livro, um laço afetivo, uma reunião ou uma palestra são geradores dessa classe. Aquilo que lemos, as pessoas que estimamos, as assembleias que contam conosco e aqueles

que ouvimos influenciam decisivamente sobre nós. Devemos ajudar a todos, mas precisamos selecionar os ingredientes de nossa alimentação mais íntima [...].[132]

O passe, contudo, é realizado com a deliberada intenção de propiciar benefício. Dessa forma, a transmissão de fluidos magnético-espirituais exige, de quem doa, preparo espírita moral e intelectual, e, de quem recebe, disposição mental e afetiva. Somente assim é possível estabelecer um circuito vibratório favorável à boa transmissão e à boa recepção.

> Estabelecido o clima de confiança, qual acontece entre o doente e o médico preferido, cria-se a ligação sutil entre o necessitado e o socorrista e, por semelhante elo de forças, ainda imponderáveis no mundo, verte o auxílio da Esfera superior, na medida dos créditos de um e outro. Ao toque da energia emanante do passe, com a supervisão dos benfeitores desencarnados, o próprio enfermo, na pauta da confiança e do merecimento de que dá testemunho, emite ondas mentais características, assimilando os recursos vitais que recebe, retendo-os na própria constituição fisiopsicossomática, através das várias funções do sangue. O socorro, quase sempre hesitante a princípio, corporifica-se à medida que o doente lhe confere atenção, porque, centralizando as próprias radiações sobre as províncias celulares de que se serve,

---

[132] XAVIER, Francisco Cândido. *Roteiro*, 2004. cap. 35, p. 148-149.

lhes regula os movimentos e lhes corrige a atividade, mantendo-lhes as manifestações dentro de normas desejáveis, e, estabelecida a recomposição, volve a harmonia orgânica possível, assegurando à mente o necessário governo do veículo em que se amolda.[133]

A doação e a recepção das energias magnético-espirituais do passe são absorvidas, primeiramente, no perispírito.

Pela sua união íntima com o corpo, o perispírito desempenha um papel preponderante no organismo. Pela sua expansão, põe o Espírito encarnado em relação mais direta com os Espíritos livres e também com os Espíritos encarnados. O pensamento do encarnado atua sobre os fluidos espirituais, como o dos desencarnados, e se transmite de Espírito a Espírito pelas mesmas vias; conforme seja bom ou mau, saneia ou vicia os fluidos ambientes.[134]

Processadas no perispírito, essas energias alcançam os plexos do corpo físico, via centros de força, distribuindo-se, então, nas províncias orgânicas.

Os fluidos espirituais atuam sobre o perispírito e este, por sua vez, reage sobre o organismo material com que se acha em contato molecular. Se os eflúvios são de boa

---

[133] XAVIER, Francisco Cândido; VIEIRA, Waldo. *Mecanismos da mediunidade*, 2006, cap. 22, it. "Mecanismo do passe", p. 176-177.
[134] KARDEC, Allan. *A gênese*, 2010, cap. 14, it. 18, p. 362.

natureza, o corpo ressente uma impressão salutar; se forem maus, a impressão será penosa. Se os eflúvios maus forem permanentes e enérgicos, poderão ocasionar desordens físicas; certas enfermidades não têm outra causa.[135]

Ao analisar o assunto de perto, podemos sintetizar em cinco etapas os mecanismos de doação e recepção das energias magnético-espirituais do passe:

Os benfeitores desencarnados que integram a equipe de passe do Plano Espiritual associam as suas emanações fluídicas às do doador encarnado, valendo-se da força do pensamento e da vontade. Se necessário, e de acordo com as condições apresentadas pela pessoa que irá receber o passe, poderá associar aos seus fluidos outras energias, presentes no Plano Espiritual e no físico;

O doador encarnado, sob amparo dos benfeitores espirituais, absorve em seu perispírito essa mescla de fluidos, que constitui a energia magnético-espiritual ou mista do passe, repassando-a ao perispírito do enfermo, também sob a ação do pensamento e vontade;

O perispírito do receptor (enfermo) capta a energia mista que lhe é endereçada, sendo fortalecido pelas elevadas irradiações mentais e sentimentos emitidos pelos benfeitores espirituais e pelo doador encarnado;

Os plexos nervosos do receptor absorvem as energias vindas do seu perispírito, distribuindo-as pelo seu corpo físico;

---

[135] Id. Ibid., p. 363.

Os benfeitores espirituais canalizam essas energias para o órgão enfermo do corpo físico.

MECANISMOS DO PASSE		
1. O benfeitor espiritual transmite, pelo seu perispírito, os próprios fluidos (espirituais) ao aplicador de passe (magnetizador).	2. O aplicador de passe recebe, pelo seu perispírito, os fluidos espirituais do orientador desencarnado que são associados aos próprios fluidos (fluidos magnéticos), criando um terceiro tipo de fluido: magnético-espiritual ou misto.	3. O aplicador de passe transfunde, por meio do seu perispírito, esse fluido misto ao perispírito do enfermo, cujos centros de força canaliza-o para o corpo físico, através dos plexos nervosos.

Quadro 1 – Mecanismos do passe

4 A transmissão do passe

4.1 Conceitos
4.2 Finalidades
4.3 Benefícios do passe
4.4 A equipe de passe
4.5 O passe na reunião mediúnica
4.6 Irradiações mentais
4.7 Transmissão do passe fora da casa espírita

4.1 Conceitos

Tu, porém, permanece naquilo que aprendeste, e de que foste inteirado, sabendo de quem o tens aprendido.
(*II Timóteo*, 3:14).

O passe, "à luz da Doutrina Espírita, é uma transmissão de energias fluídicas de uma pessoa — conhecida como médium passista — para outra pessoa que as recebe, em clima de prece, com a assistência dos Espíritos Superiores".[136]

A energia fluídica transmitida no passe apresenta natureza magnética, como esclarece o Espírito André Luiz:

> O passe é uma transfusão de energias, alterando o campo celular. [...] Na assistência magnética, os recursos espirituais se entrosam entre a emissão e a recepção, ajudando a criatura necessitada para que ela ajude a si mesma. A mente reanimada reergue as vidas microscópicas que a servem, no templo do corpo [...]. O passe, como reconhecemos, é importante contribuição para quem saiba recebê-lo, com o respeito e a confiança que o valorizam.[137]

---

[136] FEDERAÇÃO ESPÍRITA BRASILEIRA. *Orientação ao centro espírita*, 2007, cap. III, it. 1, p. 43.
[137] XAVIER, Francisco Cândido. *Nos domínios da mediunidade*, 2010, cap. 17, p. 199-200.

A transmissão energética do passe, todavia, não se restringe exclusivamente à ação magnética, pois se encontra sob o controle da mente de quem doa — neste caso, o passista encarnado e o desencarnado que, unidos, realizam um trabalho de cooperação mútua. Há, portanto, dois tipos básicos de energias envolvidas no processo, como ensina Emmanuel: "O passe é a transmissão de uma força psíquica e espiritual, dispensando qualquer contato físico na sua aplicação".[138] O orientador espiritual reforça o seu pensamento ao acrescentar que

> Assim como a transfusão de sangue representa uma renovação das forças físicas, o passe é uma transfusão de energias psíquicas, com a diferença de que os recursos orgânicos são retirados de um reservatório limitado, e os elementos psíquicos o são do reservatório ilimitado das forças espirituais.[139]

A energia doada no passe é, portanto, mista, como explica Allan Kardec, em *A gênese:*

> Pelos fluidos que os Espíritos derramam sobre o magnetizador, ao qual este serve de condutor. É o magnetismo *misto, semiespiritual,* ou, se o preferirem, *humano-espiritual.* Combinado com o fluido humano, o fluido espiritual lhe imprime qualidades que lhe faltam.

---

[138] Id., *O consolador*, 2008, q. 99, p. 84.
[139] Id. Ibid., q. 98, p. 84.

Em tais circunstâncias, o concurso dos Espíritos é, algumas vezes, espontâneo, porém é provocado, com mais frequência, por um apelo do magnetizador.[140]

Em decorrência dos benefícios do passe, este sempre esteve associado aos processos de cura das enfermidades. Cura obtida ou viabilizada por meio do recebimento de energias magnético-espirituais, ainda que o conceito de saúde não implique, necessariamente, a ausência de enfermidade, como prega a Organização Mundial da Saúde: "Saúde é um estado de completo bem-estar físico, mental e social, e não apenas a ausência de doença".[141]

A Doutrina Espírita ensina, por outro lado, que toda doença é sempre consequência de atos cometidos pelo Espírito contra as Leis Divinas, em existências anteriores ou na atual encarnação. Esses atos, fixados na mente, afetam o veículo perispiritual que, por sua vez, transmite ao corpo físico as desarmonias existentes.

A falta cometida opera em nossa mente um estado de perturbação, ao qual não se reúnem simplesmente as forças desvairadas de nosso arrependimento, mas também as ondas de pesar e acusação da vítima e de quantos se lhe associam ao sentimento, instaurando desarmonias de vastas proporções nos centros da alma, a percutirem

---

[140] KARDEC, Allan. *A gênese*, 2009, cap. XIV, it. 33, p. 375-376.
[141] ORGANIZAÇÃO DAS NAÇÕES UNIDAS. *Constituição da Organização Mundial da Saúde*. Preâmbulo. Nova Iorque, 1946, p. 1.

sobre a nossa própria instrumentação. Semelhante descontrole apresenta graus diferentes, provocando lesões funcionais diversas. [...] Por outro lado, importa reconhecer que o relaxamento da nutrição constrange o corpo a pesados tributos de sofrimento. [...] Mas não é somente aí, no domínio das causas visíveis, que se originam os processos patológicos multiformes. Nossas emoções doentias mais profundas, quaisquer que sejam, geram estados enfermiços.[142]

A aplicação de passe, contudo, transcende conceitos e definições quando se considera a grandeza do gesto de fraternidade em benefício do próximo:

> O passe é um ato de amor na sua expressão mais sublimada. É uma doação ao paciente daquilo que o médium tem de melhor, enriquecido com os fluidos que o seu guia espiritual traz, e ambos – médium e Benfeitor espiritual –, formando uma única vontade e expressando o mesmo sentimento de amor.[143]

---
[142] XAVIER, Francisco Cândido. *Pensamento e vida*, 2009, cap. 5, p. 65-67.
[143] SCHUBERT, Suely Caldas. *Obsessão/desobsessão:* profilaxia e terapêutica espirituais, 2010, segunda parte, cap. 10, p. 145-146.

4.2 Finalidades

Queres ficar são?
(*João*, 5:6).

A APLICAÇÃO do passe tem como finalidade auxiliar a recuperação da harmonia física e psíquica de quem necessita, substituindo fluidos deletérios e enfermiços por energias benéficas. Neste sentido, promove a restauração do funcionamento de células e tecidos lesados, fortalecendo emoções e beneficiando a organização neuropsíquica do indivíduo. Visa, pois,

> oferecer aos que necessitam e desejam receber os fluidos de reequilíbrio e de paz oferecidos pelos benfeitores espirituais por intermédio dos colaboradores encarnados, de maneira simples, organizada e com um planejamento previamente estabelecido.[144]

Dessa forma, "o passe não é unicamente transfusão de energias anímicas. É o equilibrante ideal da mente, apoio eficaz de todos os tratamentos".[145]

---

[144] FEDERAÇÃO ESPÍRITA BRASILEIRA. *Orientação ao centro espírita*, 2007, cap. III, it. 2, p. 43.
[145] XAVIER, Francisco Cândido; VIEIRA, Waldo. *Opinião espírita*, 1973, cap. 55, p. 180.

A transmissão do passe

A aplicação das forças curativas em magnetismo enquadra-se à efluvioterapia com a mesma importância do emprego providencial de emanações de eletricidade. Espíritas e médiuns espíritas, cultivemos o passe, no veículo da oração, com o respeito que se deve a um dos mais legítimos complementos da terapêutica habitual.[146]

---
[146] Id. Ibid., p. 181.

4.3 Benefícios do passe

E disse Pedro: Não tenho prata nem ouro; mas o que tenho isso te dou. Em nome de Jesus Cristo, o Nazareno, levanta-te e anda.
(*Atos*, 3:6).

O IDEAL seria que todos os indivíduos, ao receberem o passe, dele se beneficiassem. Todavia, tal não ocorre, porque

> nem todos os homens são sensíveis à ação magnética, e, entre os que o são, pode haver maior ou menor receptividade, o que depende de diversas condições, umas que dizem respeito ao magnetizador e outras ao próprio magnetizado [...]. Comumente, o magnetismo não exerce nenhuma ação sobre as pessoas que gozam de uma saúde perfeita.[147]

A pessoa que transmite ou recebe auxílio por meio das energias magnético-espirituais deve exercitar a confiança, ou a fé, acreditando efetivamente nos seus benefícios. Esta posição mental é de fundamental importância.

---
[147] MICHAELUS. *Magnetismo espiritual*, 2003, cap. VIII, p. 58.

O processo de socorro pelo passe é tanto mais eficiente quanto mais intensa se faça a adesão daquele que lhe recolhe os benefícios, de vez que a vontade do paciente, erguida ao limite máximo de aceitação, determina sobre si mesmo mais elevados potenciais de cura. Nesse estado de ambientação, ao influxo dos passes recebidos, as oscilações mentais do enfermo se condensam, mecanicamente, na direção do trabalho restaurativo, passando a sugeri-lo às entidades celulares do veículo em que se expressam, e os milhões de corpúsculos do organismo fisiopsicossomático tendem a obedecer, instintivamente, às ordens recebidas, sintonizando-se com os propósitos do comando espiritual que os agrega.[148]

É por esse motivo que a aplicação do passe deve estar associada à prece, que tem o poder de elevar o pensamento, mantendo em harmonia o doador e o receptor de energias magnético-espirituais: "Convém lembrar [esclarece um benfeitor espiritual] que a tarefa é de solidariedade pura, com ardente desejo de ajudar, sob a invocação da prece. E toda oração, filha da sinceridade e do dever bem cumprido, com respeitabilidade moral e limpeza de sentimentos, permanece tocada de incomensurável poder. [...]".[149]

Não podemos, contudo, ignorar que há males de difícil resolução durante o período de uma experiência reencarnatória,

---

[148] XAVIER, Francisco Cândido; VIEIRA, Waldo. *Mecanismos da mediunidade*, 2010. Cap. 22, it. "Vontade do paciente", p.177-178.
[149] XAVIER, Francisco Cândido. *Nos domínios da mediunidade*, cap. 17, p. 196.

ainda que doador e receptor se esforcem para agir com acerto. Tal situação reflete processos expiatórios que integram o quadro provacional do planejamento reencarnatório individual.

Mesmo assim, a esperança e a confiança na bondade celestial jamais devem ser abandonadas, pois, além do alívio produzido pelo passe, tornando mais leve o peso das expiações, a fé em Deus e o trabalho contínuo no bem produzem resultados surpreendentes. Não devemos, pois, nos entregar passivamente ao sofrimento, acreditando ser a vontade de Deus. Todos os dias, temos notícias de situações graves, de enfermidades aparentemente incuráveis, que foram resolvidas de forma positiva, por intercessão superior.

Lembramos, também, que

> todas as pessoas dignas e fervorosas, com o auxílio da prece, podem conquistar a simpatia de veneráveis magnetizadores do Plano Espiritual que passam, assim, a mobilizá-las na extensão do bem. [...] É importante não esquecer esta verdade para deixarmos bem claro que, onde surjam a humildade e o amor, o amparo divino é seguro e imediato.[150]

Sendo assim, por mais grave que o problema se revele, a fé e a esperança devem ser alimentadas continuamente, conforme esclarecimento recebido por Hilário — personagem do livro *Nos domínios da mediunidade* — ao indagar por que nem todos os enfermos absorviam as irradiações magnéticas do passe que lhes eram transmitidas.

---

[150] Id. Ibid.

"Falta-lhes o estado de confiança",[151] respondeu o orientador Conrado, um dos coordenadores do serviço de passe no Plano Espiritual

Tal resposta suscitou outra pergunta de Hilário: "Será, então, indispensável a fé para que registrem o socorro de que necessitam?" Em resposta, Conrado faz estas considerações:

> [...] Ah! sim. Em fotografia precisamos da chapa impressionável para deter a imagem, tanto quanto em eletricidade carecemos do fio sensível para a transmissão da luz. No terreno das vantagens espirituais, é imprescindível que o candidato apresente certa "tensão favorável". Essa tensão decorre da fé. Certo, não nos reportamos ao fanatismo religioso ou à cegueira da ignorância, mas sim à atitude de segurança íntima, com reverência e submissão, diante das Leis Divinas, em cuja sabedoria e amor procuramos arrimo. Sem recolhimento e respeito na receptividade, não conseguimos fixar os recursos imponderáveis que funcionam em nosso favor, porque o escárnio e a dureza de coração podem ser comparados a espessas camadas de gelo sobre o templo da alma. [...].[152]

Muitas vezes a transfusão não surte efeito porque a utilização do passe é feita por pessoas que não possuem enfermidades, a rigor. Por hábito e desinformação, ocupam o espaço

---

[151] Id. Ibid., p. 197.
[152] Id. Ibid., p. 197.

destinado aos que sofrem alegando dificuldades inexistentes ou facilmente administráveis. Emmanuel pondera a respeito, esclarecendo que tais companheiros são portadores de doenças-fantasmas.

Inserimos a mensagem que se segue para reflexão mais aprofundada do assunto.

4.3.1 Doenças-fantasmas[153]

Somos defrontados com frequência por aflitivo problema cuja solução reside em nós.

A ele debitamos longas fileiras de irmãos nossos que não apenas infelicitam o lar onde são chamados à sustentação do equilíbrio, mas igualmente enxameiam nos consultórios médicos e nas casas de saúde, tomando o lugar de necessitados autênticos.

Referimo-nos às criaturas menos vigilantes, sempre inclinadas ao exagero de quaisquer sintomas ou impressões e que se tornam doentes imaginários, vítimas que se fazem de si mesmas nos domínios das moléstias-fantasmas.

Experimentam, às vezes, leve intoxicação, superável sem maiores esforços, e, dramatizando em demasia pequeninos desajustes orgânicos, encharcam-se de drogas, respeitáveis quando necessárias, mas que funcionam à maneira de cargas elétricas inoportunas, sempre que impropriamente aplicadas.

---

[153] XAVIER, Francisco Cândido; VIEIRA, Waldo. *Estude e viva*, 2002, cap. 28. It. "Doenças-fantasmas", p.161-163.

Atingido esse ponto, semelhantes devotos da fantasia e do medo destrutivo caem fisicamente em processos de desgaste, cujas consequências ninguém pode prever, ou entram, de modo imperceptível para eles, nas calamidades sutis da obsessão oculta, pelas quais desencarnados menos felizes lhes dilapidam as forças.

Depois disso, instalada a alteração do corpo ou da mente, é natural que o desequilíbrio real apareça e se consolide, trazendo até mesmo a desencarnação precoce, em agravo de responsabilidade daqueles que se entibiam diante da vida, sem coragem para trabalhar, sofrer e lutar.

Precatemo-nos contra esse perigo absolutamente dispensável.

Se uma dor aparece, auscultemos nossa conduta, verificando se não demos causa à benéfica advertência da Natureza.

Se surge a depressão nervosa, examinemos o teor das emoções a que estejamos entregando as energias do pensamento, de modo a saber se o cansaço não se resume a um aviso salutar da própria alma, para que venhamos a clarear a existência e o rumo.

Antes de lançar qualquer pedido angustiado de socorro, aprendamos a socorrer-nos por meio da autoanálise, criteriosa e consciente.

Ainda que não seja por nós, façamos isso pelos outros, aqueles outros que nos amam e que perdem, inconsequentemente, recurso e tempo valiosos, sofrendo em vão com a leviandade e a fraqueza de que fornecemos testemunho.

Nós que nos esmeramos no trabalho desobsessivo, em Doutrina Espírita, consagremos a possível atenção a esse assunto, combatendo as doenças-fantasmas que são capazes de transformar-nos em focos de padecimentos injustificáveis a que nos conduzimos por fatores lamentáveis de auto-obsessão.

4.4 A equipe de passe

*Porque, onde estiverem dois ou três reunidos em meu nome,
aí estou eu no meio deles.*
(*Mateus*, 18:20).

VOLTADA PARA o atendimento ao próximo, a equipe de passe não difere das demais equipes existentes na Casa Espírita. Constituída de confrades doutrinariamente capacitados para a realização da tarefa, integrados em outras atividades espíritas que não dispensam as responsabilidades inerentes ao trabalho e que se esforçam continuamente para superar as próprias imperfeições morais.

> Numerosos companheiros estarão convencidos de que integrar uma equipe de ação espírita se resume em presenciar os atos rotineiros da instituição a que se vinculam e resgatar singelas obrigações de feição econômica. Mas não é assim. O espírita, no conjunto de realizações espíritas, é uma engrenagem inteligente com o dever de funcionar em sintonia com os elevados objetivos da máquina. Um templo espírita não é simples construção de natureza material. É um ponto do planeta onde a fé raciocinada estuda as leis universais, mormente no que se reporta à consciência e à justiça, à edificação do destino e à imortalidade

do ser. Lar de esclarecimento e consolo, renovação e solidariedade, em cujo equilíbrio cada coração que lhe compõe a estrutura moral se assemelha a peça viva de amor na sustentação da obra em si. Não bastará frequentar-lhe as reuniões. É preciso auscultar as necessidades dessas mesmas reuniões, oferecendo-lhes solução.[154]

A reunião de atendimento espiritual pelo passe não se caracteriza como sendo uma reunião mediúnica, propriamente dita, porque não há manifestação evidente (ou ostensiva) de Espíritos, pela psicofonia ou psicografia. Todavia, é uma atividade mediúnica porque há uma equipe espiritual atuante que veicula os seus fluidos aos medianeiros encarnados e aos enfermos, valendo-se dos canais mediúnicos da intuição e da inspiração para prestar orientações sutis.

Importa considerar que a despeito de o passe ser uma atividade rotineira da casa espírita, tem como finalidade prestar auxílio espiritual aos que sofrem. Nesse aspecto, seu leque de ação é amplo, por abranger pessoas que procuram a instituição em busca de cura para os seus padecimentos físicos, psicológicos e espirituais. Mesmo assim, o passe deve ser sempre entendido como recurso ou instrumento de auxílio, jamais como solução dos desafios existenciais.

As enfermidades do corpo e do espírito persistem porque ainda somos Espíritos ignorantes, que cometem contínuos

---

[154] XAVIER, Francisco Cândido; VIEIRA, Waldo. *Estude e viva*, 2002, cap. 36, it. "O espírita na equipe", p. 206-207.

atentados contra as Leis Divinas. Daí Emmanuel lembrar que "enquanto nos escasseie educação, nos domínios da mente, a enfermidade por mortificação involuntária desempenhará expressivo papel em nossa vida espiritual".[155]

> Na maioria das circunstâncias, somos nós quem lhe pede a presença e o concurso, antes da reencarnação, no campo da existência física, à maneira do viajor, encomendado recursos de segurança para a travessia do mar; e, em ocasiões outras, ele constitui auxílio de urgência, promovido pela bondade dos amigos, que se erigem, nas esferas superiores, à condição de patronos da nossa libertação para a Vida Maior.[156]

Ambas as equipes de passe, do plano físico e do Espiritual, se interagem continuamente não só durante a realização da tarefa, mas também nos momentos de maior desprendimento perispiritual, quando o encarnado recupera as energias pelo sono.

Tais equipes contam com um número específico de trabalhadores, doutrinariamente capacitados.

4.4.1 Equipe de passe do Plano Espiritual

A equipe de colaboradores do passe que atua no Plano Espiritual apresenta algumas características que devem ser

---
[155] XAVIER, Francisco Cândido. *Caminho espírita*, 1984, cap. 19, p. 49.
[156] Id. Ibid., p. 49.

lembradas. Tais obreiros são conhecidos como *técnicos do auxílio* magnético.[157] Alexandre, um dos ministros de Nosso Lar, informa que

> na execução da tarefa que lhes está subordinada, não basta a boa vontade, como acontece em outros setores de nossa atuação. Precisam revelar determinadas qualidades de ordem superior e certos conhecimentos especializados. O servidor do bem, mesmo desencarnado, não pode satisfazer em semelhante serviço, se ainda não conseguiu manter um padrão superior de elevação mental contínua, condição indispensável à exteriorização das faculdades radiantes. O missionário do auxilio magnético, na Crosta ou aqui em nossa esfera, necessita ter grande domínio sobre si mesmo, espontâneo equilíbrio de sentimentos, acendrado amor aos semelhantes, alta compreensão da vida, fé vigorosa e profunda confiança no Poder divino. Cumpre-me acentuar, todavia, que semelhantes requisitos, em nosso plano, constituem exigências a que não se pode fugir, quando, na esfera carnal, a boa vontade sincera, em muitos casos, pode suprir essa ou aquela deficiência, o que se justifica, em virtude da assistência prestada pelos benfeitores de nossos círculos de ação ao servidor humano, ainda incompleto no terreno das qualidades desejáveis.[158]

---

[157] Id., *Missionários da luz*, 2007, cap. 19, p. 406.
[158] Id. Ibid., 2007, cap. 19, p. 406.

4.4.2 A EQUIPE DE PASSE DO PLANO FÍSICO

4.4.2.1 Participantes[159]

a) Um coordenador da tarefa;
b) Aplicadores de passes (médiuns passistas);
c) Um responsável pelo encaminhamento das pessoas;
d) Interessados em receber o passe.

4.4.2.2 Desenvolvimento das atividades[160]

a) "A equipe de trabalhadores do atendimento pelo passe, com seu coordenador, deverá reunir-se no local destinado aos passes (se possível uma sala), para a prece preparatória em conjunto";[161]
b) "Fazer o encaminhamento para o local dos passes de um número de pessoas compatível com o número de aplicadores de passe."[162]
c) "Mantido o estado de prece, cada aplicador de passe (médium passista) atenderá, individualmente, um assistido."[163]
d) "Após o passe, cada atendido poderá receber um copo (individual e descartável) com água magnetizada com as vibrações da prece (também conhecida como água fluidificada), e retirar-se."[164]

---

[159] FEDERAÇÃO ESPÍRITA BRASILEIRA. *Orientação ao centro espírita*, 2007, cap. III, item 4-d, p. 44.
[160] Id. Ibid., p. 44.
[161] Id. Ibid., p. 44.
[162] Id. Ibid., p. 44.
[163] Id. Ibid., p. 44.
[164] Id. Ibid., p. 44.

Em relação à água magnetizada, temos estes esclarecimentos de Emmanuel:

> Meu amigo, quando Jesus se referiu à benção do copo de água fria, em seu nome, não apenas se reportava à compaixão rotineira que sacia a sede comum. Detinha-se o Mestre no exame de valores espirituais mais profundos. A água é dos corpos o mais simples e receptivo da terra. É como que a base pura, em que a medicação do Céu pode ser impressa, através de recursos substanciais de assistência ao corpo e à alma, embora em processo invisível aos olhos mortais. A prece intercessória e o pensamento de bondade representam irradiações de nossas melhores energias. A criatura que ora ou medita exterioriza poderes, emanações e fluidos que, por enquanto, escapam à análise da inteligência vulgar e a linfa potável recebe a influência, de modo claro, condensando linhas de força magnética e princípios elétricos, que aliviam e sustentam, ajudam e curam. A fonte que procede do coração da Terra e a rogativa que flui no imo d'alma, quando se unem na difusão do bem, operam milagres. O Espírito que se eleva na direção do céu é antena viva, captando potências da natureza superior, podendo distribuí-las em benefício de todos os que lhe seguem a marcha. Ninguém existe órfão de semelhante amparo. Para auxiliar a outrem e a si mesmo, bastam a boa vontade e a confiança positiva. Reconheçamos, pois, que o Mestre, quando se referiu à água simples, doada em nome da sua memória, reportava-se

ao valor real da providência, em benefício da carne e do espírito, sempre que estacionem através de zonas enfermiças. Se desejas, portanto, o concurso dos Amigos Espirituais, na solução de tuas necessidades fisiológicas ou dos problemas de saúde e equilíbrio dos companheiros, coloca o teu recipiente de água cristalina, à frente de tuas orações, espera e confia. O orvalho do Plano Divino magnetizará o líquido, com raios de amor, em forma de bênção, e estarás, então, consagrando o sublime ensinamento do copo de água pura, abençoado nos céus.[165]

e) "Após o término dos atendimentos, a atividade será finalizada com uma prece de encerramento, podendo o coordenador indicar alguém do grupo para fazê-la."[166]

O Espírito Emmanuel fornece oportunos esclarecimentos relativos ao trabalho em equipe na casa espírita, independentemente do tipo de tarefa:

> Respeitar a orientação da casa, mas também contribuir, de maneira espontânea, com os dirigentes, na extinção de censuras e rixas, perturbações e dificuldades, tanto quanto possível no nascedouro, a fim de que não se convertam em motivos de escândalo. Falar e ouvir

---

[165] XAVIER, Francisco Cândido. *Segue-me*, 1973. Capítulo "A água fluida", p. 97-98.
[166] FEDERAÇÃO ESPÍRITA BRASILEIRA, *Orientação ao centro espírita*, 2007, p. 44.

construtivamente. Efetuar tarefas consideradas pequeninas, como sejam sossegar uma criança, amparar um doente, remover um perigo ou fornecer uma explicação, sem que, para isso, haja necessidade de pedidos diretos. Sobretudo, na organização espírita, o espírita é chamado a colaborar na harmonia comum, silenciando melindres e apagando ressentimentos, estimulando o bem e esquecendo omissões no terreno da exigência individual. Todos nós, encarnados e desencarnados, compareçamos no templo espírita no intuito de receber o concurso dos mensageiros do Senhor; no entanto, os mensageiros do Senhor esperam igualmente por nosso concurso, no amparo a outros, e a nossa cooperação com eles será sempre, acima de tudo, trabalhar e servir, auxiliar e compreender.[167]

O trabalhador espírita que atua na transmissão do passe deve considerar a tarefa como uma oportunidade de servir ao próximo, compreendendo que

> toda competência e especialização no mundo, nos setores de serviço, constituem desenvolvimento da boa vontade. Bastam o sincero propósito de cooperação e a noção de responsabilidade para que sejamos iniciados, com êxito em qualquer trabalho novo.[168]

---

[167] XAVIER, Francisco Cândido e VIEIRA, Waldo. *Estude e viva*, p. 207.
[168] XAVIER, Francisco Cândido. *Os mensageiros*, 2004, cap. 44, p. 271.

Outro ponto, não menos importante, é manter-se na expectativa de aguardar resultados, pois

> a excessiva contemplação dos resultados podem prejudicar o trabalhador. Em ocasiões como esta, a vaidade costuma acordar dentro de nós, fazendo esquecer o Senhor. [...] O servo fiel não é aquele que se inquieta pelos resultados, nem o que permanece enlevado na contemplação deles, mas justamente o que cumpre a vontade divina do Senhor e passa adiante.[169]

Além do mais, a questão de resultados é ampla e complexa, por envolver uma série de fatores e circunstâncias, sobretudo no diz respeito ao indivíduo receptor da doação fluídica:

> Alguns se sentem curados, outros acusam melhoras, e a maioria parece continuar impermeável ao serviço de auxílio. O que nos deve interessar, todavia, é a semeadura do bem. A germinação, o desenvolvimento, a flor e o fruto pertencem ao Senhor.[170]

Em relação aos participantes da equipe de passe, estes devem ficar atentos quanto à sua formação espírita, não adiando a oportunidade de estudar e aprender mais. Neste sentido, o Espírito André Luiz considera:

---

[169] Id. Ibid., p. 274.
[170] Id. Ibid., p. 276.

Decerto, o estudo da constituição humana lhes é naturalmente aconselhável, tanto quanto ao aluno de enfermagem, embora não seja médico, se recomenda a aquisição de conhecimentos do corpo em si. E do mesmo modo que esse aprendiz de rudimentos da Medicina precisa atentar para a assepsia do seu quadro de trabalho, o médium passista necessitará vigilância no seu campo de ação, porquanto de sua higiene espiritual resultará o reflexo benfazejo naqueles que se proponha socorrer. Eis porque se lhe pede a sustentação de hábitos nobres e atividades limpas, com a simplicidade e a humildade por alicerces no serviço de socorro aos doentes, de vez que semelhantes fatores funcionarão à maneira do tungstênio na lâmpada elétrica, suscetível de irradiar a força da usina, produzindo a luz necessária à expulsão da sombra. O investimento cultural ampliar-lhe-á os recursos psicológicos, facilitando-lhe a recepção das ordens e avisos dos instrutores que lhe propiciem amparo, e o asseio mental lhe consolidará a influência, purificando-a, além de dotar-lhe a presença com a indispensável autoridade moral, capaz de induzir o enfermo ao despertamento das próprias forças de reação.[171]

Obtida a qualificação básica necessária, o colaborador do "serviço precisa considerar a necessidade de sua elevação urgente, para que as suas obras se elevem no mesmo ritmo".[172]

---

[171] XAVIER, Francisco Cândido; VIEIRA, Waldo. *Mecanismos da mediunidade*, 2006, cap. 22, item "Médium passista", p. 175-76.
[172] XAVIER, Francisco Cândido. *Missionários da luz*, cap. 19, p. 408.

A equipe de passe

Antes de tudo, é necessário equilibrar o campo das emoções. Não é possível fornecer forças construtivas a alguém, ainda mesmo na condição de instrumento útil, se fazemos sistemático desperdício das irradiações vitais. Um sistema nervoso esgotado, oprimido, é um canal que não responde pelas interrupções havidas. A mágoa excessiva, a paixão desvairada, a inquietude obsidente, constituem barreiras que impedem a passagem das energias auxiliadoras. Por outro lado, é preciso examinar também as necessidades fisiológicas, a par dos requisitos de ordem psíquica. A fiscalização dos elementos destinados aos armazéns celulares é indispensável, por parte do próprio interessado em atender as tarefas do bem. O excesso de alimentação produz odores fétidos, através dos poros, bem como das saídas dos pulmões e do estômago, prejudicando as faculdades radiantes, porquanto provoca dejeções anormais e desarmonias de vulto no aparelho gastrintestinal, interessando a intimidade das células. O álcool e outras substâncias tóxicas operam distúrbios nos centros nervosos, modificando certas funções psíquicas e anulando os melhores esforços na transmissão de elementos regeneradores e salutares.[173]

Faz-se necessário, igualmente, lembrar ao doador do passe a seriedade da tarefa abraçada, estando ciente que "o êxito do

---
[173] Id. Ibid., p.408-409.

trabalho reclama experiência, horário, segurança e responsabilidade do servidor fiel aos compromissos assumidos".[174]

4.4.3 Recomendações

Selecionar e capacitar, continuamente, os colaboradores que tenham perfil adequado para a tarefa: conhecimento evangélico-doutrinário, maturidade emocional, bom senso, simpatia, alegria, afetividade, naturalidade e segurança;[175]

Esforçar-se para manter, ao longo da vida, um clima de vibrações elevadas por meio da prece, estudo e esforço de melhoria moral;

Todos os doadores de energia magnético-espiritual são considerados médiuns, pois atuam sob o amparo e orientações da equipe de trabalhadores desencarnados. André Luiz elucida que "o trabalhador leal compreende a necessidade do desenvolvimento de qualidades [...], porquanto em contato incessante com os benfeitores desencarnados, que se valem dele na missão de amparo aos semelhantes, recebe indiretamente sugestões de aperfeiçoamento que o erguem a posições mais elevadas";[176]

Fazer a imposição de mãos e doar as energias magnético-espirituais sem muita movimentação. A aplicação do passe deve ser feita de forma simples, sem ritual e cacoetes de

---

[174] Id., *Nos domínios da mediunidade*, 2004, cap. 17, p. 191.
[175] Id. Ibid.
[176] FEDERAÇÃO ESPÍRITA BRASILEIRA. *Orientação ao centro espírita*, 2007, cap. III, p. 44-45.

qualquer natureza: "Lembrar-se de que na aplicação de passes não se faz precisa a gesticulação violenta, a respiração ofegante ou bocejo contínuo, e de que nem sempre há necessidade de toque direto no paciente. A transmissão do passe dispensa qualquer recurso espetacular";[177]

"O passe é a transmissão de uma força psíquica e espiritual, dispensando qualquer contato físico na sua aplicação";[178]

Compreender que a capacidade de absorção de energias espirituais, somada à de doação fluídica, varia de pessoa para pessoa, em função das condições individuais, assim como o nível de confiança no amor celestial e a sintonia mental mantida com os benfeitores espirituais;

Considerar que o melhor local para o passe é a casa espírita, que é previamente magnetizada pelos orientadores espirituais, onde "se reúnem sublimadas emanações mentais da maioria de quantos se valem do socorro magnético, tomados de amor e confiança",[179] informa o benfeitor Áulus, benfeitor espiritual do trabalho de passe, citado no livro *Nos domínios da mediunidade*, que complementa o seu pensamento com estas informações: "Aqui [no recinto do passe] possuímos uma espécie de altar interior, formado pelos pensamentos, preces e aspirações de quantos nos procuram trazendo o melhor de si mesmos";[180]

Não transmitir o passe em estado de transe mediúnico;[181]

---

[177] Id. Ibid., p. 45
[178] VIEIRA, Waldo. *Conduta espírita*, 2006. Cap. 28, p. 102.
[179] XAVIER, Francisco Cândido. *O consolador*, 2008, q. 99, p. 84.
[180] Id., Ibid., *Missionários da luz*, cap. 19, p. 409-410.
[181] Id. Ibid., *Nos domínios da mediunidade*, 2004, cap. 17, p. 189.

Participar e assistir a palestras, reuniões de estudo ou de esclarecimento doutrinário que, em geral, antecedem o trabalho de passe;

É necessário fazer uma preparação espiritual antes da aplicação do passe buscando, pela prece, a devida sintonia com os benfeitores espirituais;

O aplicador do passe não precisa receber passe depois que fizer a transmissão fluídica ao necessitado. O auxílio espiritual repõe, automaticamente, os gastos energéticos.[182] Contudo, se o tarefeiro sente que estão ocorrendo perdas de energia após a aplicação do passe — caracterizadas, em geral, por um estado de fraqueza, dores ou mal-estar generalizado etc. —, é aconselhável avaliar as causas geradoras, procurando corrigi-las;

Não fornecer orientações mediúnicas durante a aplicação de passe;[183]

Não aplicar passe se: faz uso de substâncias tóxicas viciantes, de qualquer natureza (álcool, fumo, psicotrópicos etc.); encontra-se em estado de desequilíbrio emocional ou mental; está organicamente debilitado por doença, idade ou tratamento médico;

"Esclarecer os companheiros quanto à inconveniência da petição de passes todos os dias, sem necessidade real, para que esse gênero de auxílio não se transforme em mania. É falta de caridade abusar da bondade alheia".[184]

---

[182] VIEIRA, Waldo. *Conduta espírita*, cap. 28, p. 103.
[183] XAVIER, Francisco Cândido, *Nos domínios da mediunidade*, cap. 17, p. 189.
[184] Id. Ibid., cap. 17, p. 189.

4.5 O passe na reunião mediúnica

Mas, sobretudo, tende ardente amor uns para com os outros; porque o amor cobrirá a multidão de pecados.
(*I Pedro*, 4:8).

A APLICAÇÃO do passe é indicada na reunião mediúnica sempre que a manifestação do sofredor espiritual se revele especialmente difícil. Tem como finalidade acalmar o Espírito comunicante e fornecer apoio ao médium.

É uma forma de doar fluidos salutares ao Espírito sofredor comunicante, auxiliando-o na recuperação ou no equilíbrio do seu estado mental e emocional. Tem o poder de também auxiliar o médium durante a comunicação mediúnica, de forma que os fluidos deletérios sejam dissipados e não atinjam diretamente o equilíbrio somático do medianeiro. Naturalmente, não é uma conduta obrigatória, uma vez que o médium harmonizado com o Plano Espiritual Superior encontra recursos necessários para não se deixar influenciar pelas ações, emoções ou sentimentos do sofredor, que lhe utiliza as faculdades psíquicas para manifestar-se.[185]

---

[185] FEDERAÇÃO ESPÍRITA BRASILEIRA. *Estudo e prática da mediunidade*, 2010. Módulo I, item "Fundamentação espírita", roteiro 3, p. 76.

A transmissão do passe

Há situações na reunião mediúnica em que, efetivamente, faz-se necessária a aplicação do passe que deve ser associado à prece. Por exemplo, durante a manifestação de entidades espirituais portadoras de necessidades especiais, como obsessores e perseguidores espirituais, suicidas, alienados mentais ou as que revelam possuir graves lesões perispirituais etc.

> Semelhante prática deve ser observada regularmente, de vez que o serviço de desobsessão pede energias de todos os presentes e os instrutores espirituais estão prontos a repor os dispêndios de força havidos, através dos instrumentos do auxílio magnético que se dispõem a servi-los, sem ruídos desnecessários, de modo a não quebrarem a paz e a respeitabilidade do recinto. Fora dos momentos normais [manifestações mediúnicas usuais], os médiuns passistas atenderão aos companheiros necessitados de auxílio tão só nos casos de exceção, respeitando com austeridade disposições estabelecidas, de modo a não favorecerem caprichos e indisciplinas.[186]

Nessas condições, os médiuns de passe "permanecerão atentos ao concurso eventual que se lhes peça, no transcurso da reunião. Diligência e devotamento. Vigilância e espontaneidade".[187]

---

[186] XAVIER, Francisco Cândido; VIEIRA, Waldo. *Desobsessão*, 2007, cap. 52, p. 197-198.
[187] Id. Ibid., Cap.26, p. 109.

O Espírito André Luiz recomenda que os medianeiros do grupo mediúnico, dedicados à doação de fluidos magnético-espirituais,

> traçarão para si mesmos as disciplinas aconselháveis em matéria de alimentação e adestramento, a fim de corresponderem plenamente ao trabalho organizado para o grupo em sua edificação assistencial, entendendo-se que os médiuns esclarecedores, se necessário, acumularão também as funções de médiuns passistas, mas não a de psicofônicos, de modo a não se deixarem influenciar por Espíritos enfermos.[188]

Não é recomendável a prática de aplicação de passes individuais em todos os participantes das reuniões mediúnicas antes de iniciarem as atividades de intercâmbio espiritual, após manifestação dos Espíritos ou ao término da reunião, considerando que os membros do grupo mediúnico devem revelar harmonia física, psicológica e emocional para a realização do trabalho.

---

[188] Id. Ibid., p. 110.

4.6 Irradiações mentais

No demais, irmãos meus, fortalecei-vos no Senhor e na força do seu poder. Revesti-vos de toda a armadura de Deus.
(Efésios, 6:10 a 11).

NEM SEMPRE é possível ao enfermo receber o passe na casa espírita em razão de diferentes impedimentos de deslocamento (aleitamento, hospitalização etc.). Nesta situação, um familiar ou amigo participa da atividade de *irradiação* ou *vibração* — popularmente denominada "passe a distância" ou "prece a distância"—, vibrando pela pessoa ausente, ou indica à equipe coordenadora da reunião o nome da pessoa que necessita receber vibrações e preces.

Como atividade ou reunião específica, é

> uma reunião privativa de vibração em conjunto para irradiar energias de paz, de amor e de harmonia, inspiradas na prática do Evangelho à luz da Doutrina Espírita, em favor de encarnados e desencarnados carentes de atendimento espiritual.[189]

---

[189] FEDERAÇÃO ESPÍRITA BRASILEIRA. *Orientação ao centro espírita*, 2007, cap. III, item 1, p. 47.

Nas reuniões mediúnicas, há também um breve momento destinado às irradiações, ocorrendo geralmente um pouco antes da prece de encerramento, como esclarece André Luiz:

> Rogando aos companheiros reunidos vibrações de amor e tranqüilidade para os que sofrem, o diretor do grupo, terminadas as tarefas da desobsessão propriamente ditas, suspenderá a palavra, pelo tempo aproximado de dois a quatro minutos, a fim de que ele mesmo e os integrantes do círculo formem correntes mentais com as melhores idéias que sejam capazes de articular, seja pela prece silenciosa, seja pela imaginação edificante. Todo pensamento é onda de força criativa e os pensamentos de paz e fraternidade, emitidos pelo grupo, constituirão adequado clima de radiações benfazejas, facultando aos amigos espirituais presentes os recursos precisos à formação de socorros diversos, em benefício dos companheiros que integram o círculo, dos desencarnados atendidos e de irmãos outros, necessitados de amparo espiritual a distância. Um dos componentes da equipe, nomeado pelo diretor do conjunto, pode articular uma prece em voz alta, lembrando, na oração, os enfermos espirituais que se comunicaram, os desencarnados que participaram silenciosamente da reunião, os doentes dos hospitais e os irmãos carecentes de socorro e de alívio, internados em casas assistenciais e instituições congêneres.[190]

---

[190] XAVIER, Francisco Cândido; VIEIRA, Waldo. *Desobsessão*, 2007, cap. 51, p. 193-194.

De qualquer forma, as irradiações mentais fazem parte das atividades de atendimento espiritual, complementares ao passe e às ações desobsessivas.

A finalidade maior dessa atividade é "amparar e fortalecer os carentes de atendimento espiritual e os trabalhadores do centro espírita e do Movimento Espírita".[191]

Etimologicamente, *irradiar* significa lançar de si, emitir (raios, energias, fluidos, pensamentos, sentimentos). *Vibração* é, pois, o ato de vibrar, de fazer oscilar, brandir, agitar, mover qualquer fluido ou energia. Podemos, pois, dizer que todos nós, Espíritos encarnados e desencarnados, temos a capacidade de expandir nossos fluidos, na forma de energias eletromagnéticas, em benefício de alguém ou de algo. Nesse sentido, os nossos pensamentos e sentimentos podem ser irradiados a longas distâncias, em qualquer plano da vida.

A irradiação mental, como atividade espírita, é a emissão de ideias, sentimentos, emoções e imagens, controladas pelo pensamento e pela vontade. Emmanuel amplia, contudo, o sentido de irradiação mental:

> Estendendo o conceito de vibrações por oscilações ou ondas mentais, importa observar que exteriorizamos constantemente semelhantes energias. Disso decorre a importância das ideias que alimentamos. Em muitas fases da experiência terrestre, nos desgastamos com as nossas próprias reações intempestivas, ante a conduta

---
[191] FEDERAÇÃO ESPÍRITA BRASILEIRA, *Orientação ao centro espírita*, 2007, p. 47.

alheia, agravando obstáculos ou ensombrando problemas. Se nos situássemos, porém, no lugar de quantos nos criem dificuldades, estaríamos em novo câmbio de emoções e pensamentos, frustrando descargas de ódio e violência, angústia ou crueldade que viessem a ocorrer em nossos distritos de ação.[192]

Impor controle mental às irradiações emitidas ou captadas demanda tempo e esforço, mas o resultado produz incontáveis benefícios.

[...] Se te encontras sob o cerco de vibrações conturbadoras, emite de ti mesmo aquelas outras que se mostrem capazes de gerar vida e elevação, otimismo e alegria. Ninguém susta golpes da ofensa com pancadas de revide, tanto quanto ninguém apaga fogo a jorros de querosene. Responde às perturbações com a paz. Ante o assalto das trevas faze luz.[193]

Uma forma de aprender a administrar irradiações mentais que nos assaltam no campo íntimo, provenientes dos próprios pensamentos ou de outrem, é buscar amparo na prece.

Na edificação da paz doméstica, na realização dos ideais generosos, no desdobramento de serviços edificantes,

---

[192] XAVIER, Francisco Cândido. *Meditações diárias*, 2009, cap. Vibrações, p. 57.
[193] Id. Ibid., p. 58.

urge providenciar recursos ao entendimento geral, com vistas à cooperação, à responsabilidade, ao processo de ação imprescindível. E, sem dúvida, a prece representa a indispensável alavanca renovadora, demovendo obstáculos no terreno duro da incompreensão. A oração é divina voz do Espírito no grande silêncio. Nem sempre se caracteriza por sons articulados na conceituação verbal, mas, invariavelmente, é prodigioso poder espiritual comunicando emoções e pensamentos, imagens e ideias, desfazendo empecilhos, limpando estradas, reformando concepções e melhorando o quadro mental em que nos cabe cumprir a tarefa a que o Pai nos convoca. Muitas vezes, nas lutas do discípulo sincero do Evangelho, a maioria dos afeiçoados não lhe entende os propósitos, os amigos desertam, os familiares cedem à sombra e à ignorância; entretanto, basta que ele se refugie no santuário da própria vida, emitindo as energias benéficas do amor e da compreensão, para que se mova, na direção de mais alto, o lugar em que se demora com os seus. A prece tecida de inquietação e angústia não pode distanciar-se dos gritos desordenados de quem prefere a aflição e se entrega à imprudência, mas a oração tecida de harmonia e confiança é força imprimindo direção à bússola da fé viva, recompondo a paisagem em que vivemos e traçando rumos novos para a vida superior.[194]

---

[194] Id., *Vinha de luz*, 2007. Cap. 98, p. 221-222.

As energias elevadas da prece produzem harmonia íntima, neutralizam as emanações negativas que nos assaltam a intimidade do ser e, ao mesmo tempo, nos transforma em um foco irradiador de boas vibrações.

4.6.1 Atividade de irradiação na casa espírita

4.6.1.1 Participantes[195]

a) Um coordenador;[196]
b) Colaboradores – treinados na irradiação e disciplina mental, para a sustentação vibratória.[197]

4.6.1.2 Desenvolvimento das atividades[198]

a) Leitura preparatória;
b) Prece inicial;
c) Vibrações;
d) Prece final.

Observação: tempo previsto para a reunião – no máximo uma hora.

---

[195] FEDERAÇÃO ESPÍRITA BRASILEIRA. *Orientação ao centro espírita*, 2007, cap. III, it. 3-a, p. 47.
[196] Id. Ibid.
[197] Id. Ibid., cap. III, Item 3-b, p. 48.
[198] Id. Ibid., it. 4, p. 48.

4.6.1.3 Recomendações[199]

a) Utilizar música suave no ambiente;
b) Usar para preparação do ambiente, de preferência, os livros de mensagens como: *Pão nosso; Caminho, verdade e vida; Fonte viva; Vinha de luz e Palavras de vida eterna*;
c) Selecionar e capacitar, continuamente, os colaboradores que tenham o propósito de ajudar e um perfil adequado para a tarefa: conhecimento evangélico-doutrinário, maturidade emocional, bom senso, afetividade, naturalidade e segurança.

---

[199] Id. Ibid., it. 5, p. 48.

4.7 Transmissão do passe fora da casa espírita

E rogava-lhe muito, dizendo: Minha filha está moribunda; rogo-te que venhas e lhe imponhas as mãos, para que sare, e viva.
(*Marcos*, 5:23).

Orientam os Espíritos esclarecidos que o passe deve, em princípio, ser transmitido na casa espírita, local previamente preparado pelos benfeitores espirituais, que o mantém saturado de energias magnéticas, sutis e puras, provenientes de ambos os planos da vida, o Espiritual e o físico.

Há situações especiais, contudo, em que o necessitado de auxílio magnético-espiritual encontra-se impossibilitado de deslocar-se à instituição espírita, em decorrência de uma série de fatores.

Um ponto prioritário, que não deve ser esquecido, é a manifestação clara e evidente da vontade do enfermo, ou de familiares próximos, para que ocorra o atendimento. Mesmo em família espírita, é preciso considerar as conveniências impostas pela rotina doméstica ou hospitalar, assim como os horários mais compatíveis. A boa vontade deve, sempre, estar associada à prudência.

Outro ponto, não menos importante, diz respeito ao atendimento do enfermo a distância, por meio da prece e das irradiações mentais.

Pode-se, então, e na medida do possível, organizar uma pequena equipe, de dois ou três componentes, que poderá fazer o atendimento domiciliar ou hospitalar, em caráter de urgência. Tais confrades devem apresentar certas características pessoais, como discrição, gentileza, boas condições de saúde física, psíquica e emocional.

A visita deve ser breve, não se permitindo manifestação ou orientação mediúnica antes, durante e após o atendimento, agindo como usualmente se faz na atividade de passe na casa espírita. Deve-se evitar maior socialização após a transmissão fluídica, recusando gentilmente lanche, café, suco etc., considerando que se trata de um serviço espiritual de atendimento espiritual. Surgirão, por certo, outros momentos para a realização de atividades sociais.

Eis o que André Luiz tem a dizer a respeito do assunto:

> A visita ao doente pede tato e compreensão. Abster-se de dar a mão ao enfermo quando a pessoa for admitida à presença dele, com exceção dos casos em que seja ele quem tome a iniciativa. Se o visitante não é chamado espontaneamente para ver o doente, não insistirá nisso, aceitando tacitamente os motivos imanifestos que lhe obstam semelhante contato. Toda conversa ao pé de um doente, exige controle e seleção. Evitar narrações ao redor de moléstias, sintomas, padecimentos alheios e acontecimentos desagradáveis. Um cartão fraterno ou algumas flores, substituindo a presença, na hipótese de visitação repetida, em tratamentos prolongados,

constituem mananciais de vibrações construtivas. Conquanto a oração seja bênção providencial, em todas as ocasiões, o tipo de assistência médica, em favor desse ou daquele enfermo, solicita apreço e acatamento. Nunca usar voz muito alta em hospital ou em quarto de enfermo. Por mais grave o estado orgânico de um doente, não se lhe impor vaticínios acerca da morte, porquanto ninguém, na Terra, possui recursos para medir a resistência de alguém, e, para cada agonizante que desencarna, funciona a Misericórdia de Deus, na Vida Maior, através de Espíritos Benevolentes e Sábios que dosam a verdade em amor, em benefício dos irmãos que se transferem de plano. Toda visita a um doente — quando seja simplesmente visita —, deve ser curta.[200]

Com a recuperação da saúde do doente, ou assim que este se sentir mais fortificado, é importante que ele continue a receber o passe no centro espírita. Trata-se de uma medida de grande valia, pois o simples deslocamento à instituição espírita, ainda que seja dificultosa, tem o poder de renovar-lhe as forças, favorecido pelo contato humano e pela explanação evangélico-doutrinária que, em geral, antecede o passe.

Nada impede que as visitas fraternas prossigam, mas de forma esporádica e de acordo com o bom senso. André também esclarece a respeito:

---

[200] XAVIER, Francisco Cândido. *Sinal verde*, 2004, cap. 47, p. 135-137.

A transmissão do passe

Visita é um ato de fraternidade, do qual não convém abusar com furto de tempo ou comentário inconveniente. Sempre que possível, a visita será marcada com antecedência, a fim de que não se sacrifique aqueles que a recebem. A pessoa que visita outra, pelo prazer da amizade ou da cortesia, não necessitará, para isso, de tempo acima de quinze ou vinte minutos, competindo aos anfitriões prolongar esse tempo, insistindo para que o visitante ou visitantes não se retirem. Entre os que se reencontram, haverá espontaneamente bastante consideração para que não surjam lembranças desagradáveis, de parte a parte. Nunca abusar do amigo que visita, solicitando-lhe serviço profissional fora de lugar ou de tempo, como quem organiza emboscada afetiva. Não se aproveitar dos minutos de gentileza, no trato social, para formular conselhos que não foram pedidos. Calar impressões de viagens ou dados autobiográficos, sempre que não sejam solicitados pelos circunstantes. Evitar críticas, quaisquer que sejam. Silenciar perguntas capazes de constranger os anfitriões. Nunca deitar olhadelas para os lados, à maneira de quem procura motivos para censura ou maledicência.[201]

Importa considerar que o atendimento a pessoas não espíritas, ainda que a visitação domiciliar ou hospitalar tenha sido solicitada, é de bom alvitre verificar se a aplicação do passe é

---

[201] Id. Ibid., cap. 46, p. 132-134.

aceita. Alguns familiares do enfermo, presentes ao momento da visita, podem se sentir constrangidos, em razão de seguirem outra interpretação religiosa. Nessa situação, proferir, simplesmente e sem delongas, apenas a prece que, em geral, é bem aceita em qualquer circunstância.

> Não ignoramos, porém, que todos temos a prece à nossa disposição como força de recuperação e de cura. É necessário orientar as nossas atividades, no sentido de adaptar-nos à Lei do Bem, acalmando nossos sentimentos e sossegando nossos impulsos, para, em seguida, elevar o pensamento ao manancial de todas as bênçãos, colocando a nossa vida em ligação com a divina Vontade. Cada aprendiz do Evangelho necessita, assim, afeiçoar-se ao culto da prece, no próprio mundo íntimo, valorizando a oportunidade que lhe é concedida para a comunhão com o infinito Poder. Para isso, contudo, é indispensável que a mente e o coração da criatura estejam em sintonia com o amor que domina todos os ângulos da vida, porque a lei do amor é tão matemática como a lei da gravitação.[202]

A mensagem mediúnica que se segue apresenta aspectos gerais relativos à forma de agir em relação às pessoas enfermas. São conselhos simples, mas que demonstram significativa prudência.

---

[202] Id., *Instruções psicofônicas*, 2006, cap. 36, p. 168-169.

4.7.1 Perante os doentes[203]

Criar em torno dos doentes uma atmosfera de positiva confiança, através de preces, vibrações e palavras de carinho, fortaleza e bom ânimo.

O trabalho de recuperação do corpo fundamenta-se na reabilitação do Espírito.

Mesmo quando sejam ligados estreitamente ao coração, não se deixar abater à face dos enfermos, mas sim apresentar-lhes elevação de sentimento e fé, fugindo a exclamações de pena ou tristeza.

O desespero é fogo invisível.

Discorrer sempre que necessário sobre o papel relevante da dor em nosso caminho, sem quaisquer lamentações infelizes.

A resignação nasce da confiança.

Em nenhuma circunstância, garantir a cura ou marcar o prazo para o restabelecimento completo dos doentes, em particular dos obsidiados, sob pena de cair em leviandade.

Antes de tudo vige a Vontade Sábia do Pai Excelso.

Dar atenção e carinho aos corações angustiados e sofredores, sem falar ou agir de modo a humilhá-los em suas posições e convicções, buscando atender-lhes às necessidades físicas e morais dentro dos recursos ao nosso alcance.

A melhoria eficaz das almas deita raízes na solidariedade perfeita.

Procurar com alegria, ao serviço da própria regeneração, o convívio prolongado com parentes ou companheiros

---

[203] VIEIRA, Waldo. *Conduta espírita*, 2006, cap. 2, p. 84-86.

atacados pela invalidez, pelo desequilíbrio ou pelas enfermidades pertinazes.

O antídoto do mal é a perseverança no bem.

"Em verdade vos digo que, quando o fizestes a um destes meus pequeninos irmãos, a mim mesmo o fizestes." — *Jesus*.

(*Mateus*, 25:40).

Referências

DENIS, Léon. *Depois da morte*. 1. ed. especial. Rio de Janeiro: FEB, 2008.

_____. *No invisível*. Tradução de Leopoldo Cirne. 1. ed. especial. Rio de Janeiro: FEB, 2008.

ENERGIA. In: *Wikipédia*: a enciclopédia livre. Disponível em: <http://pt.wikipedia.org/wiki/Energia>. Acesso em: 22 jul. 2012.

FEDERAÇÃO ESPÍRITA BRASILEIRA. *Estudo e prática da mediunidade*. 4. tiragem revisada. Brasília: FEB, 2010.

_____. *Orientação ao centro espírita*. Rio de Janeiro: FEB, 2007.

HOUAISS, Antônio; VILLAR, Mauro de Salles. *Dicionário Houaiss da língua portuguesa*. Rio de Janeiro: Objetiva, 2009.

KARDEC, Allan. *A gênese*. Tradução de Evandro Noleto Bezerra. Rio de Janeiro: FEB, 2009.

_____. *Obras póstumas*. Tradução de Evandro Noleto Bezerra. Rio de Janeiro: FEB, 2009.

_____. *O céu e o inferno*. Tradução de Evandro Noleto Bezerra. Rio de Janeiro: FEB, 2008.

_____. *O evangelho segundo o espiritismo*. Tradução de Evandro Noleto Bezerra. Rio de Janeiro: FEB, 2008.

_____. *O livro dos espíritos.* Tradução de Evandro Noleto Bezerra. 2. ed. Rio de Janeiro: FEB, 2010.

_____. *O livro dos médiuns.* Tradução de Evandro Noleto Bezerra. Rio de Janeiro: FEB, 2008.

_____. *Revista espírita*: jornal de estudos psicológicos. Ano XII, julho de 1869. 2. ed. Tradução de Evandro Noleto Bezerra. Rio de Janeiro: FEB, 2005.

MATTHEWS, Robert. *25 grandes ideias:* como a ciência está transformando o mundo. Tradução de José Gradel. Rio de Janeiro: Jorge Zahar, 2008.

MICHAELUS. *Magnetismo espiritual.* 8. ed. Rio de Janeiro: FEB, 2003.

ORGANIZAÇÃO DAS NAÇÕES UNIDAS. *Constituição da Organização Mundial da Saúde.* Preâmbulo. Nova Iorque, 22 de julho de 1946.

Peralva, Martins. *Estudando a mediunidade.* 27. ed. Rio de Janeiro: FEB, 2009.

PLASMA. In: *Wikipédia*: a enciclopédia livre. Disponível em: <http://pt.wikipedia.org/wiki/Plasma>. Acesso em: 22 jul. 2012.

SCHUBERT, Suely Caldas. *Obsessão/desobsessão*: profilaxia e terapêutica espíritas. 2. ed. Rio de Janeiro: FEB, 2010.

THOMAS, Clayton (Coord.). *Dicionário médico enciclopédico taber.* Tradução de Fernando Gomes do Nascimento. São Paulo: Manole, 2009.

VIEIRA, Waldo. *Conduta espírita.* Pelo Espírito André Luiz. 30. ed. Rio de Janeiro: FEB, 2006.

XAVIER, Francisco Cândido. *Aulas da vida.* Por diversos Espíritos. 5. ed. São Paulo: IDEAL, 2002.

_____. *Caminho espírita.* Por diversos espíritos. 2. ed. Araras: IDE, 1984.

_____. *Entre a Terra e o Céu.* Pelo Espírito André Luiz. 25. ed. Rio de Janeiro: FEB, 2010.

_____. *Instruções psicofônicas.* Mensagens organizadas por Arnaldo Rocha. Por Espíritos diversos. 9. ed. Rio de Janeiro: FEB, 2006.

_____. *Meditações diárias.* Pelo Espírito Emmanuel. Araras, SP: IDE, 2009.

_____. *Mediunidade e sintonia.* Pelo Espírito Emmanuel. 4. ed. São Paulo: Centro Espírita União, 1986.

_____. *Missionários da luz.* Pelo Espírito André Luiz. 43. ed. Rio de Janeiro: FEB, 2007.

_____. *Nos domínios da mediunidade.* Pelo Espírito André Luiz. 34 ed. Rio de Janeiro: FEB, 2010.

_____. *Nosso lar.* Pelo Espírito André Luiz. 61. ed. Rio de Janeiro: 2010.

_____. *O consolador.* Pelo Espírito Emmanuel. 28. ed. Rio de Janeiro: FEB, 2010.

_____. *Os mensageiros.* Pelo Espírito André Luiz. 41. ed. Rio de Janeiro: FEB, 2004.

_____. *Pão nosso.* Pelo Espírito Emmanuel. 28. ed. Rio de Janeiro: FEB, 2006.

_____. *Pensamento e vida.* Pelo Espírito Emmanuel. 18. ed. Rio de Janeiro: FEB, 2009.

_____. *Roteiro.* Pelo Espírito Emmanuel. 11. ed. Rio de Janeiro: FEB, 2004.

_____. *Rumo certo.* Pelo Espírito Emmanuel. 11. ed. Rio de Janeiro: FEB, 2008.

_____. *Segue-me.* Pelo Espírito Emmanuel. 2. ed. Matão: O Clarim, 1973.

_____. *Sinal verde*. Pelo Espírito André Luiz. São Paulo: Petit, 2004.

_____. *Vinha de luz*. Pelo Espírito Emmanuel. 26. ed. Rio de Janeiro: FEB, 2007.

XAVIER, Francisco Cândido; VIEIRA, Waldo. *Evolução em dois mundos*. Pelo Espírito André Luiz. 25. ed. Rio de Janeiro: FEB, 2010.

_____. *Desobsessão*. Pelo Espírito André Luiz. ed. especial. Rio de Janeiro: FEB, 2007.

_____. *Estude e viva*. Pelos Espíritos Emmanuel e André Luiz. 12. ed. Rio de Janeiro: FEB, 2002.

_____. *Opinião espírita*. Pelos Espíritos Emmanuel e André Luiz. 4. ed. Uberaba, MG: CEC, 1973.

_____. *Mecanismos da mediunidade*. Pelo Espírito André Luiz. 26. ed. Rio de janeiro: FEB, 2010.

WANTUIL, Zeus; THIESEN, Francisco. *Allan Kardec, o educador e o codificador*. 2. ed. Rio de Janeiro: FEB, 2004, v. 1.

Edições de
O atendimento espiritual pelo passe

EDIÇÃO	IMPRESSÃO	ANO	TIRAGEM	FORMATO
1	1	2013	10.000	14x21
1	2	2014	500	14x21
1	3	2016	2.000	14x21
1	4	2017	1.700	14x21
1	5	2020	350	14x21
1	IPT*	2022	200	14x21
1	IPT	2023	450	14x21
1	IPT	2024	400	14x21
1	IPT	2024	280	14x21
1	IPT	2025	350	14x21

* Impressão pequenas tiragens

FEB editora
Livro espírita para um novo mundo
www.febeditora.com.br
@febeditoraoficial
@febeditora

Conselho Editorial:
Carlos Roberto Campetti
Cirne Ferreira de Araújo
Evandro Noleto Bezerra
Geraldo Campetti Sobrinho – Coord. Editorial
Jorge Godinho Barreto Nery – Presidente
Maria de Lourdes Pereira de Oliveira
Miriam Lúcia Herrera Masotti Dusi

Produção Editorial:
Elizabete de Jesus Moreira

Revisão:
Davi Miranda

Capa:
Ingrid Saori Furuta

Projeto gráfico:
Helise Oliveira

Diagramação:
Luisa Jannuzzi Fonseca

Normalização técnica:
Biblioteca de Obras Raras e Documentos Patrimoniais do Livro

Esta edição foi impressa no sistema de Impressão pequenas tiragens, em formato fechado de 140x210 mm e com mancha de 95x140 mm. Os papéis utilizados foram o Off white 80 g/m² para o miolo e o Cartão 250 g/m² para a capa. O texto principal foi composto em fonte Adobe Calson Pro 11/15,5 e os títulos em Adobe Calson Pro 14/16. Impresso no Brasil. *Presita en Brazilo.*